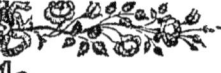

PHASES

DE

LA VIE ARTISTIQUE.

TABLEAUX DE MOEURS

EN VERS,

Par Pierre Gadenier.

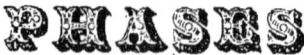

1re *Livraison.*

Prix : 30 centimes.

PARIS

ON SOUSCRIT AU BUREAU, RUE DE L'OUEST, 46,

ET DANS LES MAGASINS DE PUBLICATIONS NOUVELLES

—

1843

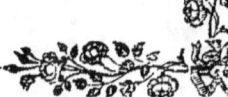

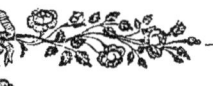

NOMENCLATURE

des tableaux qui composeront un fort volume.

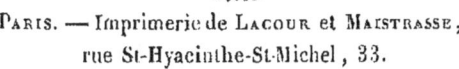

PARIS. — Imprimerie de LACOUR et MAISTRASSE,
rue St-Hyacinthe-St-Michel, 33.

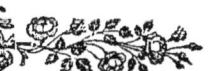
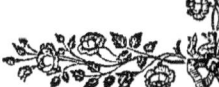

PHASES

DE

LA VIE ARTISTIQUE.

TABLEAUX DE MOEURS

EN VERS,

Par Pierre Badenier.

Ouvrage publié en 15 ou 20 Livraisons.

PRIX DE LA LIVRAISON :

30 c. pour Paris, 40 c. pour la Province.

Une partie de cette œuvre, accueillie en 1841, par le *Journal des Artistes*, et reproduite dans plusieurs feuilles des départements, milite déjà en faveur de l'auteur.

Passer du grave au doux, du plaisant au sévère.

Tel est le précepte auquel il s'est strictement conformé, précepte qui résume notre tâche apologétique. Le baptême de la publicité que *ces Phases* ont reçu, avec quelque retentissement, offre d'ailleurs une garantie et assure le succès de cette nouvelle publication. Les heu-

1843

reuses modifications que l'auteur a fait depuis subir à l'ouvrage, pour l'entière justification du titre, et les soins qu'il a apportés à la correction des épreuves, promettent un livre bien coordonné, dégagé de toute espèce de fautes typographiques ; enfin, un livre complet, renfermant, sous une forme variée, plus d'un haut enseignement, et digne par cela même d'intéresser non seulement les artistes, mais encore les gens du monde.

Nous joignons ici la nomenclature des tableaux qui composeront un fort volume.

PREMIÈRE SÉRIE.

—

LE PEINTRE AMATEUR, ou la Toile Accusatrice.
LE MODÈLE, ou la Chanteuse des rues.
LE PEINTRE D'ENSEIGNES, ou le Réveille-matin.
LE SCULPTEUR, ou la Colonne de l'Apprenti.
NOÉMI. Pérégrination Artistique.
LE MOULEUR, ou le Curieux désappointé.
LE PEINTRE D'HISTOIRE, ou le Chambellan.
UNE FIN D'ARTISTE, ou l'Ingrate Cité.
LE RAPIN, ou les Artistes en goguettes.

DEUXIÈME SÉRIE.

—

LE RÊVE D'UN DANSEUR,
LE POÈTE ÉLÉGIAQUE, ou le Repas dans la gouttière.
LE PLAGIAIRE, etc.
LE CENSEUR CONVERTI.
LE FAISEUR D'ANAGRAMMES.
LE POÈTE DRAMATIQUE, ou le quart d'heure de Rabelais.
UNE SOMMITÉ LITTÉRAIRE, ou l'OEuvre d'un Débutant.
LE RÉDACTEUR EN CORNETTE
LE CRITIQUE de la Vieille Roche.
LE TEINTURIER LITTÉRAIRE.

ON SOUSCRIT AU BUREAU, RUE DE L'OUEST, 46,

(sans rien payer d'avance.)

Les demandes de Souscription devront être affranchies.

N. B. Quatre gravures, d'après le texte, seront offertes en prime à ceux qui auront reçu l'ouvrage complet.

PHASES DE LA VIE ARTISTIQUE.

ON NE PAYE RIEN D'AVANCE.

Prix : 30 c. la Livraison, portée à domicile.

BULLETIN DE SOUSCRIPTION :

Je soussigné (écrire ici bien lisiblement ses nom, qualité ou profession, demeure et numéro.)

Autorise l'éditeur des **PHASES DE LA VIE ARTISTIQUE,** *à me faire adresser, à partir du* **6** *mai courant, les livraisons de cet ouvrage, au fur et à mesure de sa publication. Le prix (*TRENTE CENTIMES*), en sera acquitté par (*1*)* entre les mains du porteur commis à cet effet ; me réservant d'interrompre ma souscription quand bon me semblera.*

Paris, ce   mai 1843.

(Signature.)

(1) Indiquer ici (pour les personnes qui sont dans le commerce), si c'est à leur caisse, à leur comptoir, ou chez le concierge que nous devrons toucher.

Plier, cacheter et affranchir.

PARIS.—Imprimerie de LACOUR et MAISTRASSE fils, r. St-Hyacinthe-St Michel, 33.

A M. DE LA MOTTE,

Rue de l'Ouest, 46.

PARIS.

———oo0oo———

LE PEINTRE-AMATEUR

ou

LA TOILE ACCUSATRICE

A tout péché miséricorde.
(*Paroles de l'Évangile.*)

IMPRIMERIE DE LACOUR ET MAISTRASSE,

RUE S.-HYACINTHE-S.-MICHEL, 33.

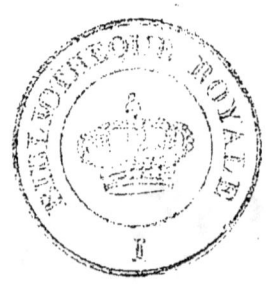

I.

L'amour est un tyran qui n'épargne personne.

(*P. Corneille.*)

Aujourd'hui, cher lecteur, nous sommes en Touraine,
Pays que nos aïeux à bon droit ont nommé
Le jardin de la France, et surtout renommé
Pour son fruit laxatif : abordons ce domaine,
    Si frais, si riant, si coquet,
Se mirant à nos yeux dans les eaux de la Loire ;
    Il appartient au comte de Brisket,
      Héros de cette histoire....
    Dans ce domaine accidenté
    Que la bienfaisante nature
      A richement doté,
Le noble châtelain se livre à la peinture
      Souvent avec bonheur ;
      Et cependant lecteur

Le comte de Brisket n'est qu'un simple amateur...
Exposés au grand jour, ses tableaux, je t'assure,
 Eussent honoré leur auteur ;
Mais pour ses amis seuls, son pinceau fonctionne,
Car la gloire n'est pas ce qu'il ambitionne :
Puis cet art qu'il cultive avec tant de succès,
Empêche que l'amour, ce tyran domestique,
 Près de lui n'ait encore accès.
Le comte de Brisket d'humeur si pacifique,
 Dans son brillant manoir,
 Broye souvent *du noir*....
Après tout, c'est sa faute et sa très grande faute,
Ici je ne crains pas de le dire à voix haute.
 Notre héros si digne d'être heureux,
 Veuf et depuis retiré dans sa terre,
 Vivait comme un célibataire,
Et lorsqu'à soixante ans, il devint amoureux
D'une actrice sans nom, mais riche de jeunesse
 Et d'attraits !...
Source qui, fréquemment pour notre faible espèce,
Roule un limon fangeux et devient source épaisse,
 Source de pleurs, source d'amers regrets !...
 De la jeune comtesse, on m'a cité des traits
 Que le poitrail le plus robuste
 Aurait de la peine à braver ;
 Mais ne pouvant pas tout prouver,

J'essairai de la peindre en buste....

Hortense Duvilard,

Comédienne toujours en scène,

Est souple par instants, dans d'autres très hautaine,

Tour à tour enlevant et reprenant son fard,

Excentrique aujourd'hui, sans frein, sans retenue,

Demain femme sensible, et par fois ingénue,

Ambitieuse au fond.... Que d'astuce, que d'art,

Que d'esprit, que d'adresse

N'employa-t-elle pas pour devenir comtesse!...

De bonne heure orpheline, Hortense Duvilard

Eut, je n'en doute point, honoré tôt ou tard

Le beau nom qu'elle porte,

Si certain Tourangeau, que je vais signaler,

N'eut perverti son cœur ; car c'est pour l'égaler,

Qu'elle mit en plein jour la pudeur à la porte...

Et la suite, sous peu,

Confirmera ce que j'avance....

Avant de contracter cette noble alliance,

Dans un cercle équivoque, où l'on jouait gros jeu,

Hortense avait fait connaissance

D'une espèce de Romancier

Appelé Valgourier ;

Bel esprit sans portée,

Cerveau vide de sens, paradoxe incarné ;

Du reste, beau diseur ; sa parole exaltée

Avait tellement fasciné

Cette femme,

Qu'ils ne firent bientôt et qu'un corps et qu'une âme !

Le mariage eut lieu ; lui ne la vit pas moins ;

Mais on avait le soin d'écarter les témoins.

Près d'elle et dans le monde,

Ce Valgourier, qui visait à l'effet,

Se contentait d'afficher pour Brisket

Un souverain mépris ; il disait à la ronde :

« Nous autres vrais littérateurs,

» Nous détestons les amateurs ;

» Un gentillâtre, un comte,

» Qui veut faire de l'art !...Un sot, au bout du compte.

La dame était de son avis,

Et les conseils de cet infâme

Ne furent que trop bien suivis....

Brisket, comment eût-il réprimandé sa femme ?

Il ne pouvait encor qu'élever des soupçons :

Il faut, pour accuser, d'excellentes raisons ;

Lui n'avait d'autre indice

Que deux billets sans date et tracés au crayon,

Le texte d'autre part ne portait aucun nom....

Le pauvre homme était au supplice !

Enfin, pour s'étourdir, armé de ses pinceaux,

Il peignait des tableaux.

II.

J'aborde le fond de l'histoire :

Dans un petit donjon que reflète la Loire,

Le comte avait fait, en secret,

Pratiquer une chambre obscure,

Où souvent sur le fait,

Il se plaisait à saisir la nature,

Morte et vivante....., humble sujet

De l'air atmosphérique, un daguerréotype

Ne remplit pas toujours ce double objet ;

Mais comme l'art en France s'émancipe,

Peut-être obtiendrons-nous un meilleur résultat.

En attendant la chose est dans le même état.

Un jour qu'il voulait peindre,

A l'aide du moyen ci-devant indiqué,

Le comte vit son but manqué ,

Plutôt ce but, sa main refusa de l'atteindre....

Point qui doit être au lecteur expliqué :

Le fleuve était alors uni comme une glace ;

Aucune ride à sa surface.

Il avait sous les yeux d'innombrables troupeaux ;

La plupart dépendant de son riche domaine :

Près de ces animaux,

Pâtres et pastoureaux ;

Mais tous à pareille heure endormis dans la plaine,

Car c'était pour bêtes et gens,

L'heure de la sieste....

Au reste,

Il avait tant de fois, peint ces bons paysans,

Et leurs moutons et leurs génisses,

Que sur de tels sujets le comte était blasé.

A l'art point de sujet usé;

L'art, cet enfant gâté, ne vit que de caprices....

Ce calme le désespérait;

C'était du mouvement que réclamait son trait;

Tout son être étant à l'orage,

Il voulait d'après lui composer un ouvrage....

Alors que n'était-il pour peindre ce tableau

Sur le *Rocher de Saint-Malo*;

Ce roc devenu populaire,

Faute de mieux eût pu lui plaire;

Et pour répondre à son tourment,

Pour satisfaire et son cœur et sa tête,

Que n'apercevait-il, battu par la tempête,

Le moindre bâtiment,

Avec son mât rompu, sa voile déchirée,

Ses matelots luttant contre vent et marée;

Alors dans ce moment,

Lui, dominant l'abîme,

Aurait été sublime;

Astiste et poète à la fois,

Il se fût cru l'égal des rois :

Au dessus d'eux peut-être ;

Si près de Jupiter, on n'a pas d'autre maître !...

A défaut d'aliment tout son feu s'éteignait ;

Et de sa femme il se plaignait :

S'occuper toujours d'elle !

Et quand cette infidèle

Avait depuis deux jours délaissé le manoir....

Pourtant il est bon de savoir,

Qu'aux absences d'Hortense

Le comte était accoutumé ;

Mais au retour, pour peu qu'il parût enflammé,

On lui tournait un conte avec assez d'aisance ;

Et le bon homme était calmé,

Du moins en apparence....

Mais je reviens au fait :

L'esprit peu satisfait,

Pour la première fois maudissant la nature,

Foulant aux pieds, brebis, génisse et frais gazon,

Le comte allait enfin quitter sa chambre obscure,

Quand il voit poindre à l'horizon,

Quelque chose de brun et de forme allongée ;

Déjà l'objet lui plaît :

L'objet grossit à l'œil.... C'était un batelet....

Il saisit ses pinceaux, pose son chevalet ;

La lutte va bientôt se trouver engagée....,
Ce faible esquif, comptant peu sur le vent,
  Fendait l'onde à force de rame.
Attention !... là commence le drame :
Le comte distinguait une femme à l'avant,
   Un rameur à l'arrière
   Du frêle bâtiment ;
  Suivant ainsi le fil de la rivière,
  Tous deux pouvaient s'envisager,
  Sans que la vertu de la dame
  Courut le plus petit danger....
  L'amant qui tient en main la rame,
Est bien forcé de modérer sa flamme ;
Mais à mesure aussi que l'esquif avançait
   Le comte pâlissait.....
  Il avait reconnu sa femme ,
 Et Valgourier, son lâche séducteur !...
Il va peindre pourtant, et toi brave lecteur,
De t'écrier : « de sa part quel courage !
  » Quelle abnégation ! »
Poursuis, tu changeras bientôt d'opinion....
 Le batelet a touché le rivage ;
Mes deux aventuriers entrent dans un bosquet...
« Je les attendais là, dit aussitôt Brisket ;
» Ils sont en vue...., et lui, va-t-il en ma présence,
» De ses baisers lascifs flétrir le front d'Hortense ?

Eh bien! oui!.... Sous le plus beau ciel,
Sur ce front qu'un Dieu juste a créé sans souillure
Ruisselait une bave impure!.....
Et le pauvre Brisket, lui, naguère sans fiel ;
Mais ce jour là, l'enfer dans l'âme,
Retraçait cet horrible drame !
Son pinceau, comme un jet de flamme,
Brûlait la toile.....…, et lui, dans cet instant,
Lui !... c'était bien l'artiste inspiré par Satan !...
Hélas! à l'homme artiste,
Va succéder l'époux,
L'homme faible et jaloux...·
Le comte redevenu triste,
Et l'œil baigné de pleurs, avec anxiété,
Contemple ce tableau frappant de vérité ;
Il veut fuir cette image...; il hésite, il s'arrête....
Non, sa vengeance est toute prête ;
La preuve, il la tient dans sa main,
Et son projet, dût-il éprouver une chute,
Il faut qu'il l'exécute.....
Ah! c'est bien là le cœur humain !
Résumé de tous les contrastes.
Un non sens, en effet...
L'histoire, à notre égard, étale en vain ses fastes.
Dieu seul est grand, et Dieu seul est parfait!...

III.

.... Grande doloris
Ingenium est, miseris que venit solertia rebus.
(*Ovide, lib.* 6, *Métam.*)

...... Pour ouvrir l'esprit après de longs efforts
La douleur, quelquefois, a de puissants ressorts.
(*Th Corneille*)

Dans un mystérieux asile,

Boudoir du meilleur style,

Où quelques jours avant,

Brûlaient des parfums du levant,

Brisket vient de placer *la toile accusatrice,*

Précisément en face d'un divan,

Témoin muet de plus d'un fol caprice...

Et sur ce joli meuble étendu mollement,

J'aperçois mon héros fumant,

Non pas le *Virginie;*

Mais par pure manie,

Le tabac le plus trivial,

Ce noir poison de la régie,   ;

Qu'on nomme *caporal*...

— Erigeant un boudoir en sombre tabagie,

Le comte à son début agit comme un brutal...

— S'il semble méconnaître ici la bienséance,

Ne crois pas cher lecteur,

Qu'il veuille exercer sa vengeance,

A l'instar d'un vil crocheteur...

Se laissant diriger par un malin génie,
Le comte va s'armer d'une froide ironie ;
    Lame à double tranchant,
    Qui dans notre chair s'insinue,
Et nous larde en tous sens, tandis que la massue
    Assomme sur-le-champ !...
Il est tard, poursuivons : la fumée en spirale
S'élevait au plafond, puis en nuage noir,
Se condensait, lorsque l'anti-vestale
    Ouvrit la porte du boudoir...
Le comte dérogeant à sa noble coutume,
Loin de se déranger pour lui baiser la main,
Fumait en sa présence avec un front d'airain...
La dame suffoquée: — Ah ! quelle horreur ! il fume !
— Nous fumons... à vos yeux c'est peut-être un travers
« Vous devez cependant connaître ces deux vers :
» *Quoi qu'en dise Aristote et sa docte cabale,*
» *Le tabac est divin ; il n'est rien qui l'égale...*
— Vous citez un valet, le maître don Juan,
« Malgré tous ses défauts, certes sur mon divan,
» Ne se fût pas vautré pour fumer une pipe...
— Nous vivons dans un siècle où l'homme s'émancipe
» Le beau sexe de même, excentrique par fois,
» Comme nous du bon ton il méconnaît les lois. .
— Ah ! vous êtes un monstre, un tyran domestique,
» Un homme sans usage !... — Où diable la critique

« Va-t-elle se nicher? — Vous me poussez à bout,

» Partout je publierai ce trait de mauvais goût.

— Le monde est indulgent, il sait que pour l'artiste

» Il n'est point de plaisir où la contrainte existe...

— Vous artiste?...—Je peins...—Oui, vous tuez le temps

—Eh! madame, comment passez-vous vos instants

» Vous qui semblez fronder un innocent caprice. ?

— Je viens de présider une course au clocher...

— On connaît votre ardeur pour ce noble exercice.

—Il vous appartient bien de me le reprocher !

» Voulez-vous qu'en ces lieux je vive en misanthrope ?

—Le jour à travers champs je conçois qu'on galope ;

» Mais dans son lit, madame, on doit passer la nuit,

» L'horloge du manoir deux fois sonna minuit,

» Que diable faisiez-vous à pareille heure en plaine?

— Vous savez...?— de mentir ne prenez pas la peine....

— Auriez-vous oublié qu'une parente à Tours

» M'accueille avec plaisir?...— ce sont là des détours,

—Eh! comment! vous osez suspecter ma conduite?

— Quand tant de cavaliers sont à votre poursuite...

— Contre tous vos soupçons je dois me récrier...

— A propos ! que devient un certain Valgourier,

» Ce bel esprit qui fait des romans à la toise,

» Dont la muse exaltée au bon sens cherche noise ?

— Je ne le hante pas... je l'ai vu par hasard,

» Dans un bal l'an dernier...— encore quelque part

» Cherchez bien... — Je ne sais ce que vous voulez dire

» Plutôt pour vous distraire...? — Oui, par fois j'aime à rire

» Pourquoi rougissez-vous? dissipez votre émoi...

» Cette toile, au surplus, s'expliquera pour moi...

— Grands dieux!... il nous a vus!... — c'est un simple épisode

» Ici j'ai voulu peindre une femme à la mode,

» Qui dans les bras d'un autre... — Ah! n'allez pas plus loin!

— A cette œuvre aujourd'hui j'apportai tout mon soin.....

— Je me traîne à vos pieds... pardon monsieur le comte !

— Le tour, convenez-en, est fort original?

— Ah! ne me raillez pas... — Dans quelque tribunal

» Un mari moins adroit eût affiché sa honte ;

» Un procès scandaleux n'aurait pas fait mon compte

    — Décidez de mon sort,

    » Le pardon ou la mort !...

    — J'admire mon ouvrage,

» Il est là dans son jour et ce serait dommage

» De l'enlever... — qu'il fasse ici le désespoir,

    » De celle qui s'est parjurée,

» Ou plutôt qu'à toute heure il rappelle au devoir ,

    » Une femme égarée.....

    » Celui qui m'a déshonorée,

    » Je l'exècre à jamais...

» Au monde, à ses plaisirs, dès ce jour je renonce;

» Pour expier mes torts je vivrai désormais,

» Me pardonnerez-vous? dictez votre réponse,

» A vos pieds je l'attends !...

— Ne nòus hâtons pas de conclure,

» Relevez-vous madame, et sachez que le temps,

» Pourra seul effacer cette ignoble souillure.·. »

IV.

«A tout péché miséricorde.»

Pendant près de deux ans, loin de se démentir,
Par des actes pieux, de ferventes prières,
Hortense témoigna son profond repentir ;
Le comte la surprit, passant des nuits entières,
   A gémir, pleurer, sanglotter...
De sa conversion, lui, pouvait-il douter ?
   Chez elle plus rien de factice,
La femme repentante a renié l'actrice...

. . . .

Une certaine nuit, dans l'âtre abandonné,
Brûlait un vieux tronc d'arbre à moitié calciné,
Le comte cette fois par son cœur entraîné,
Pose sur ce débris *la toile accusatrice...*
Hortense se réveille, et son œil étonné,
Voir soudain s'élever une gerbe enflammée...
   Par ce mouvement spontané,
   A cette femme tant aimée,
Le vieillard annonçait qu'il avait pardonné.

LE MODÈLE

ou

LA CHANTEUSE DES RUES.

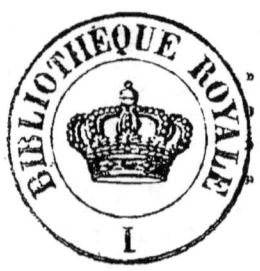

» Ah ! combien je regrette
» Mon bras si dodu
» Ma jambe bien faite
» Et le temps perdu ! »

(BÉRANGER.)

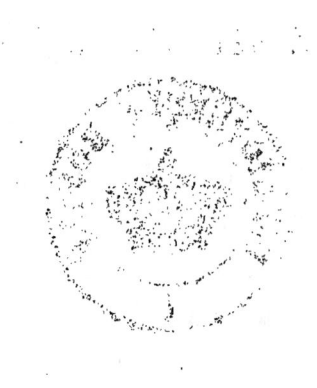

I.

Incerta pro spe non munera certa relinque.

(*Avien. fab.* 20.)

Un *tiens* vaut ce dit-on mieux que deux *tu l'auras* ;
L'un est sûr l'autre ne l'est pas.

Lafontaine. (Le petit poisson et le pêcheur.)

Dans un réduit de la place Maubert,
Vivait naguère Athénaïs Floubert
Ancien modèle exerçant sous l'empire ;
Lorsque le temps contre femme conspire,
Comme un guerrier après de longs exploits,
Celle-ci doit songer à la retraite....
Aussi Floubert et jusques sur les toits
Allait chantant :

> » Ah ! combien je regrette
> » Mon bras si dodu
> » Ma jambe bien faite
> » Et le temps perdu ! »

Dans un métier et pour peu qu'on excelle,
On peut parfois remplir son escarcelle ;

Mais la Floubert ne savait que poser,
Rire, chanter, bien boire et bien valser ;
Et du magot qu'elle amassa naguère,
De compte fait, il ne lui restait guère
Que dix écus... à narguer le destin
La verrons nous de nouveau résolue ?
Dans ses projets la femme est absolue.
De son réduit, sortie un beau matin,
Elle feignait d'écouter un paillasse
Dont les lazzis amusaient cent oisifs
En ce moment réunis sur la place.
Athénaïs avait d'autres motifs
Pour rester là : mûrissant une idée
A la poursuivre elle était décidée....
A pareille heure et dans ce même endroit,
Soit qu'il ventât, qu'il plut ou qu'il fit froid,
Venait chanter une jeune orpheline
Ignorant tout jusqu'à son origine ;
La pauvre enfant n'avait pour gagne-pain
Qu'une voix fraîche, outre sa mandoline ;
A peu de chose, hélas ! montait son gain,
Ce faible gain était du moins certain ;
Mais la Floubert se dit en femme adroite :
« Elle est jolie, il faut que je l'exploite... »
L'apercevant qui vient dans le lointain,
A sa rencontre elle vole soudain :

« Arrête, enfant, la place est occupée;
« Viens avec moi, je demeure ici près...
— Vous suivre, mais... — tu seras bien nippée
« De plus nourrie et logée à mes frais.
— Serait il vrai? — Connaissant ta misère
« Dame Floubert veut te servir de mère.
—Comment..!—Pour toi mon cœur a du penchant,
— Et vous voulez...?—Oui suis moi sur le champ. »
La pauvre enfant alors sautait de joie,
Riait, chantait et n'en eût pas fini,
Si le vautour, s'emparant de sa proie,
N'eût pris son vol pour rejoindre son nid.

II.

» Frigidus ô pueri fugite hinc, latet anguis in herbâ.
(*Virg. Eglog.* 3.)

« Un serpent est caché sous ces belles couleurs. »
(*Gresset.*)

Nous retrouvons la pauvrette ingénue
Chez la Floubert. — «Mon petit chérubin
» Là sous mes yeux vous allez prendre un bain.
— Ah! devant vous paraître toute nue !
» Je n'oserais. — Fausse honte, mon rat.
» Ici, d'ailleurs, il ne vient pas un chat;
» Puis vois un peu, vois donc tu n'es que crasse
» Jusqu'à ton nez, encor tout est crotté,

»Veux-tu rester dans la malpropreté?

» Ah! fi!....» L'enfant d'assez mauvaise grâce

De ses haillons enfin se débarrasse......

En la lavant, frottant du haut en bas

Et remarquant les plus charmants appas,

Dame Floubert s'écriait: « qu'elle est belle!.»

Après le bain, elle avait étalé

Sur ce beau corps si frais, si potelé !

Du linge blanc tout bordé de dentelle

Et pardessus un simple vêtement

Qui bien encor qu'il ne fût fait pour elle,

A la pauvrette allait parfaitement....

Angélina, c'est ainsi qu'on l'appelle,

Avec fierté se carrait, se mirait,

Se doutant peu, la pauvre jouvencelle,

Que cette main qui parait la chapelle,

Le même jour contr'elle s'armerait..... ..

Après avoir terminé sa toilette,

Athénaïs songeant à la nourrir,

S'échappe alors pour faire quelqu'emplette ;

Et haletante on la voit revenir

Tenant en main une dinde farcie

Et deux flacons d'une liqueur choisie.....

En déposant ces objets, la Floubert

S'écrie: « Enfant, voilà du confortable !

» Vive, morbleu ! le plaisir de la table !

» Mais commençons par mettre le couvert;
» Dans le buffet tu trouveras, ma belle,
» Tout ce qu'il faut...» Voulant prouver son zèle
Angélina servit en un clin d'œil...

. . . .

Nous supprimons maint détail inutile......
Toutes les deux firent un bon accueil
Au vin d'abord, puis à l'ex volatile;
Angélina qui jeunait au grand air,
Là déployait un appétit d'enfer ;
Mais elle sut en dépit des instances
De la Floubert, s'arrêter à propos...
Et celle-ci pliée aux circonstances
Lui dit : « Laissons la bouteille en repos ;
» Parlons raison : Vive comme une anguille
» Tu ne saurais travailler à l'aiguille,
» Puis ce travail pourrait flétrir tes doigts
» Comme ton corps; ma chère enfant tu dois
» Les ménager.... Quant à ta mandoline
» Qui ne nuit pas à ta voix argentine,
» Tu peux, ma mie, en user hardiment
En plein jour non; mais le soir seulement.
— Que faire alors durant une journée?
Ton temps, crois moi, sera bien employé,
» A te lancer je suis déterminée
» Et si jamais le char est enrayé,

» C'est au cocher que tu devras t'en prendre...
— Qu'est-ce...?. — Plus tard je me ferai comprendre..
» Ah! dis-moi donc : je tiens à ton portrait,
» Et je connais quelqu'un de par la ville,
» Un jeune peintre, artiste très habile
» Qui va chez lui te peindre trait pour trait,
» Y consens-tu, timide bayadère?
— Dès le moment que cela peut vous plaire
» Très volontiers j'accède à ce désir.
— Ah! j'en éprouve un sensible plaisir!
» Il est midi, justement c'est son heure,
» Sans plus tarder quittons cette demeure »

III.

On l'accuse souvent d'aimer trop à paraître.
(*Perrault.*)

Athénaïs qui tenait dans ses rets
Notre naïve et crédule orpheline,
Sur place avait pris une citadine...
Elle aurait pu s'en épargner les frais;
« Mais (se dit-elle) exploitant cette mine,
» J'aurai bientôt rattrapé mon argent.
» Toi, jeune artiste, on te sait exigeant
» Et t'offrant là l'objet que tu désire,
» J'espère bien te rançonner, beau sire ».
Le cocher fouette, et chevaux de trotter,

Leur course faite, on les voit s'arrêter
Près d'un portail avec voûte en plein ceintre,
Qui menait droit à l'atelier du peintre.
— Passes dessous dit Floubert au cocher,
» Nous n'aurons pas la peine de marcher.
— Assez, ceci vaut course hors barrière.
— Hein! me prends-tu pour quelque aventurière?
— Avez vous peur d'user votre soulier?
— Je veux descendre au pied de l'escalier.
— Ma reine, alors, vous paierez double course.
— D'accord. » Tirant deux pièces de sa bourse
Athénaïs les remet au cocher;
L'automédon s'étant laissé toucher
Oblique à gauche, et voilà l'équipage
Sous le portail roulant, cocher fouettant,
Chevaux trottant, et la Floubert chantant
Comme pinson..... un semblable tapage
Eût autre part produit sensation;
Mais pas un chat n'y fit attention.
Là ni badaud, ni bavarde commère,
Car notre artiste avec sa vieille mère
S'était fixé dans un quartier désert.....

Le couple arrive, et de la citadine
Soudain s'échappe Athénaïs Floubert,
Descend après la charmante orpheline
Qui par pudeur ou par pressentiment

Tremblait déja. — Calme-toi (lui dit l'autre);
« En mourras-tu pour quelque compliment?
» Ce jeune peintre est un fort bon apôtre
» Qui, crois le bien, ne te mangera pas;
» Pour l'aborder règle toi sur mon pas.»

Nous, en passant, parlons de cet artiste :
Peintre correct, habile coloriste,
Vanté d'ailleurs il sait trop ce qu'il vaut;
Aussi prêtant le flanc au ridicule,
Nous l'entendrons s'applaudir sans scrupule ;
Mais c'est bien là son unique défaut;
Il est partout cité comme homme aimable
Envers les siens de plus fort charitable ;
Or donc s'il pèche un peu par vanité,
Ce tort se trouve amplement racheté.

J'ai dit mon mot; rejoignons l'héroïne :
Je l'aperçois conduisant l'orpheline
Dans l'atelier du peintre.... justement
Lui s'y trouvait. —Attendons un moment
(Dit la Floubert.) Toi, petite niaise,
» Lève les yeux et fais attention. »
L'artiste assis sur une longue chaise,
Paraissait être en contemplation.....
Se croyant seul et partant plus à l'aise,
Il admirait un gracieux tableau

Représentant au bord d'un clair ruisseau,
Une naïade à peu près toute nue....
»Mon Dieu ! (s'exclama aussitôt l'ingénue)
» Tient-il à faire ainsi tous ses portraits?
» S'il le voulait, vite je m'enfuirais...»
Athénaïs à son tour effrayée
La fait passer derrière elle soudain
En lui disant : « comme le jeune daim
» Cache ton front, reste sous la feuillée....
—Oui, mais s'il ôse....—Eh ! ne suis-je pas là,
» Laisse moi seule arranger tout cela.

L'enthousiaste alors plein de son œuvre
N'aperçut point cette étrange manœuvre,
Tel qu'Adonis en face de Cypris
Son sujet seul captivait ses esprits....
Mais la Floubert voyant qu'à sa naïade
Il ne cessait d'adresser mainte œillade,
Se dit : « Cessons de planter le piquet,
Là, grâce au ciel, j'ai de quoi le distraire;
Or donc, prouvons au galant freluquet,
Qu'il est encor des beautés sur la terre.

A pas de loup s'avance la Floubert,
Ayant toujours à sa croupe pendue
Angélina qui se fût cru perdue
Si l'autre ainsi ne l'eût mise à couvert.

—Bonjour beau peintre...—Ai-je bien l'œil ouvert?

» Eh! oui! c'est bien Athénaïs Floubert

» Que j'étendis sur ma première toile...

» Je n'eus depuis qu'à bénir mon étoile

» Car j'ai marché de succès en succès.

— L'oisiveté chez vous n'a point accès.....

— Notre baigneuse est un nouveau chef-d'œuvre

» Apperçois-tu cette affreuse couleuvre

» Qui n'attend pas qu'elle ait le pied dans l'eau

» Pour la piquer...? ceci complète le tableau....

» Tous les journaux qui m'ont vanté naguère

» En comparant cette œuvre à mes essais

» Ne voudront pas me déclarer la guerre,

«L'envieux seul... — C'est à quoi je pensais....

— Toi, que fais tu? parle moi sans mystère.

— Ma foi, depuis qu'à la cour de Cythère

» Votre déesse à perdu son procès

» Sans murmurer elle a plié bagage.

— Eh! que veux-tu? plaidant contre le temps

» On doit s'attendre à payer les dépens.

— Satané temps!.... mais changeons de langage.

— En ce moment qu'exiges-tu de moi?

» Tu me connais, or je suis tout à toi.

— J'ai pour vous seul un modèle superbe

» Plein de jeunesse et sensible au toucher.

— Oui, je comprends, une Lucrèce en herbe?

— Mais n'allez pas ici l'effaroucher....

— Fais la venir. — Je la tiens sous mon aîle

» Montre toi donc timide tourterelle....

— Ah! par pitié...! — Crains tu de l'approcher?

» Moi j'aime peu qu'on fasse la rebelle.»

Disant ces mots, s'emparant de la belle,

Floubert la fit tourner comme un tonton.

Et sur le champ l'artiste l'interpelle :

» Aimable enfant comment te nomme-t-on?

— Angélina. — Tu porte un joli nom.....

» Floubert elle est fort bien ta protégée!

—L'enfant n'est point par trop endommagée.

—Eh! comment donc! elle a beaucoup d'attraits...

» Rien de heurté, pureté dans les lignes

» Galbe nourri, pommette avec des signes

» Nous révélant quelques charmes secrets,

» Nez bien planté, le front lisse et limpide,

» Sourcils arqués, œil noir, prunelle humide,

» Cheveux soyeux, main blanche, ongles parfaits...

— Et vous tenez sans doute à voir le reste?.......

Pour un enfant si chaste, si modeste !

Ce mot cruel, mot soufflé par Satan

Était un coup de foudre!.. au même instant

Angélina froide comme une glace

Tremble, chancelle et tombe sur la place.....

Tandis que l'un courait donner de l'air,

Puis s'empressait d'inonder son visage

D'eau de senteur, de vinaigre et d'éther,

L'autre arrachait sans pitié son corsage

En s'écriant : « C'est trop de soin, vraiment;

» Sachez le bien, l'évanouissement

» Est une feinte, une ruse de singe....

» Voyez, mon peintre, est-ce beau sous le linge?

» Vous ne sauriez ailleurs rencontrer mieux.

— Mais cette enfant se meurt, vilaine femme.

— Bah! vous croyez qu'elle va rendre l'âme?

» Je la connais, ce n'est pas sérieux....

— Athénaïs vous êtes une infâme!

— Ah!... grand merci! — Prostituer son corps

» Voilà, vous dis-je, où tendent vos efforts.....»

IV.

» Souvent la sagesse suprême
» Sait tirer notre bonheur même
» Du sein de nos calamités. »

(Rousseau.)

Angélina comme au sortir d'un rêve,

Rouvre les yeux, brusquement se relève,

On aurait dit d'un esprit égaré ;

Mais son corsage aux trois quarts lacéré

Laissant à nu la moitié de ses charmes,

Voilà l'objet qui frappe ses regards,

Soudain ses yeux se remplissent de larmes....

L'artiste en vain prodigue les égards,
Las! se croyant à jamais déflorée
La pauvre fille était désespérée!
L'artiste aussi ne la quittera pas
Qu'elle ne soit tout à fait rassurée...
« Enfant, dit-il, ma mère est à deux pas;
» Sépares toi de cette misérable;
» Ma mère est bonne, humaine, charitable,
» Elle du moins saura te protéger.
— Je viens mon fils, la tirer de danger,
(Dit, en entrant, cette excellente femme).
Angélina fait trève à sa douleur
Pour se jeter aux genoux de la dame
Qui lui répond : — Je connais ta belle âme
» Debout, enfant! ta place est sur mon cœur!
— Angélina, toi qu'aussi je révère,
» Daigne à jamais rester près de ma mère.
» Y consens-tu? — Mon cœur reconnaissant
» Ne sait comment vous exprimer sa joie,
» Tout le bonheur, le plaisir qu'il ressent!!
Mais la Floubert s'acharnant à sa proie,
S'écrie : « Et moi, grand faiseur de portraits,
» Ici veux-tu que j'en sois pour mes frais?
— Oses-tu bien réclamer ton salaire?
— Si cependant l'objet a su te plaire
» Tu dois, mon brave... — Oui, j'aime cette enfant,

» Je trouve en elle, amour et grandeur d'âme!

» Lorsque ma voix chaudement la défend,

» Le cœur me dit de la prendre pour ma femme....

— Moi, votre femme? — Eh! tu vois bien qu'il ment.

— Angélina je tiendrai mon serment....

— Mon Dieu mon Dieu, que je te remercie!

Et la Floubert se dit, en rechignant:

« Obligez donc une telle chipie?

» Sans nous eût-elle au nid trouvé la pie? »

Cet être vil ajoute en s'éloignant:

« Comme c'est moi qui fais le mariage,

» Il faudra bien qu'à la noce on m'engage,

» Et qu'on me verse encore sans regret,

» Du vrai Bourgogne au lieu de vin clairet »

Ce dernier trait achève son portrait.

Au bout d'un mois l'artiste tint parole,

C'est à l'autel de *Saint Vincent de Paule*

Qu'il conduisit la chaste Angélina....

Et la Floubert depuis se confina

Dans un grenier: n'ayant voulu rien faire,

Elle y mourut de froid et de misère;

Aucun, dit-on, aucun ne la plaignit,

Un être oisif, c'est ainsi qu'il finit.

LE PEINTRE D'ENSEIGNES

OU

LE RÉVEILLE MATIN.

Par pari refertur.

I.

...... Il semble que ce soit
Un sergent de bataille, allant en chaque endroit
Faire avancer ses gens et hâter la victoire.

LAFONTAINE. (*Le coche et la mouche.*)

Quel est ce petit homme au teint si coloré,
Coiffé d'une casquette,
Vêtu d'un frac *couleur noisette,*
Décoré d'une plaque et toujours affairé ?
C'est Sylvain Braconnet, natif du Finistère,
Rentier, propriétaire,
Et qui dans Landerneau, cumule cinq emplois,
En dépit des jaloux, engeance peu civile...
Sylvain est à la fois
Serpent de la paroisse, afficheur et tambour,
De plus sergent, sonneur de ville,
Et comme tel, debout avant le jour,
L'épouvantail de la gent en cornette
Que réveille en sursaut sa bruyante sonnette.
Aussi d'après un citadin
Badin ,
Fut-il nommé le *réveille matin.*
Notre multiple personnage
S'était fait dans son voisinage
Deux ennemis puissans ;

D'abord le mégissier, syndic des artisans,
Coquillard, dit *Rouget,* qu'il menaçait sans cesse,
Pour qu'il anéantit certain jour qui le blesse,
Jour pratiqué dans un mur mitoyen,
Et que doit tolérer tout loyal citoyen...

    Venait ensuite Dubocage,
    Peintre *sub frigido Jove,*
    D'un mérite éprouvé;
Mais qui déjà loin du jeune âge,
Abdiquant tous ses droits à l'immortalité,
    Chaque jour par nécessité,
    Prostituait sa brosse,
    En peignant à la grosse
    L'enseigne d'un marchand
    Ou d'un simple aubergiste...
— Renier ainsi son penchant,
    Est ce là le fait d'un artiste?
Si pourtant il a faim... Le faiseur opulent
    Qui par cupidité gaspille son talent
    Est-il plus excusable?
Le lecteur voudra bien trancher la question...
    Malgré son abnégation,
Comme tout ce qui tient à *la gent irritable,*
Le peintre Dubocage était bouffi d'orgueil,
    Or, faisant fausse route,
L'esquif de Braconnet viendra bientôt sans doute

Sombrer sur cet écueil.

L'imprudent en tous lieux, dit à qui veut l'entendre
Que Dubocage est un *crouton*,
Tout au plus bon à peindre un cheval de carton;
Lui qui pouvait prétendre
A quelque hommage bienveillant,
Jura par *Raphaël* de punir l'insolent...
Annette Braconnet, accorte ménagère,
Dans le monde, au contraire, exaltait son talent,
Elle aurait bien voulu que de sa main legère,
Dubocage attrapât l'ensemble de *chéri*,
C'est ainsi que la dame appelait son mari;
Mais Sylvain Braconnet bouillant comme un salpêtre,
Eût certe envoyé paître
La ménagère et son crouton...
Explorant à mes frais le sol du Finistère,
Je suis pour le moment leur humble locataire;
Une simple cloison
Du couple me sépare, et ne voulant rien taire,
Je vais divulguer sans façon
Ce qui se passe à la maison :
Il est à peine jour que Braconnet se lève,
Aux inflexions de sa voix,
On le prendrait pour le *père Sournois*,
Tourmenté par un rêve...;
Mais ici je m'efface et le laisse parler :

« Femme, sortez du lit, c'est assez sommeiller...
» Mon frac, mon parapluie et ma grosse sonnette,
» Ma casquette, mes gants... dépêchez-vous Annette.
» Si jamais les jaloux me trouvent en défaut,
» En janvier comme en juin, chez eux il fera chaud...
— Mais il fait nuit, chéri, rien encor ne te presse...
— Annette ce discours dénote la paresse.
» Dois-je attendre midi pour faire mon métier?
» Bel exemple à donner aux femmes du quartier...
» Nom d'un petit balai, comme chaque commère
» Rirait à mes dépens!... et cet ordre du maire
» Qu'à son de caisse aussi nous devons annoncer,
» Et dans les cabarets s'il faut verbaliser,
» Qui donc assistera notre vieux commissaire?
» Landerneau sait combien je lui suis nécessaire...
» La paroisse célèbre aujourd'hui saint Crépin,
» Serpent de père en fils ma place est au lutrin...
» J'entends, outre cela, poursuivre mon affaire
» Au sujet de Rouget, relancer le notaire,
» Le procureur, l'huissier... car bien loin de céder,
» S'il ne bouche son jour, je suis prêt à plaider...
» Mais vous pour balayer, n'attendez point, Annette,
          » Que j'aie brisé ma sonnette,
» Descendez... — Va devant, je te suis, mon chéri...»
J'aperçois mon sonneur traversant la grand'rue,
Enjambant les ruisseaux, sautant comme un cabri;

Plus loin sous un auvent qui lui servait d'abri,

    Un *croquant* faisant pied de grue...

Tourterelle soumise aux ordres de chéri,

        Annette allait quitter sa cage

        Quand survint Dubocage.

II.

L'ardeur de se venger donne de l'industrie.

(Th. Corneille)

« Eh! comment! vous ici... par quel heureux hasard?

— Je quitte Landerneau ; mais avant mon départ,

» Pendant que Braconnet agite sa sonnette,

» Je tiens à vous parler, sémillante brunette.

— Je ne sais si je dois... — Dubocage a des mœurs,

» Aussi n'a-t-il jamais violenté les cœurs.

        — Mais à madame Dubocage

        » Je puis porter ombrage.

—Ma moitié me précède, elle est à Château-Lin,

» D'ailleurs, en fait d'amour je ne suis pas malin ;

» Je viens pour un objet purement artistique.

—Alors expliquez-vous.—Braconnet fort caustique

» M'apostrophe à toute heure en style peu galant,

» Et je veux malgré lui, le rendre bienveillant ;

» Car moi, quoiqu'il en dise...—Ah! pour la ressemblance

» Vous êtes, à mes yeux, peintre par excellence!

— Comme tel on me cite et je crois franchement

» Qu'on ne se trompe pas.—C'est bien mon sentiment.

—L'homme sait ce qu'il vaut... Braconnet qui me raille
» Est loin de se douter qu'après lui je travaille...
— Vraiment?—C'est par ce jour qu'il veut faire boucher
» Que votre serviteur s'applique à le lécher.
— Et la chose est finie? — A peu près, cependant
» Sur son nez qui bourgeonne, il est quelqu'accident
» Que nous voudrions rendre... à pareille distance
» Vous concevez...?—L'objet est de peu d'importance...
— Moi, qui suis à cheval sur le moindre détail,
» Je ne livrerai pas sans cela mon travail.
—Comment y parvenir? Vous connaissez notre homme,
» Il est plus entêté qu'une bête de somme.
— Sylvain, ayant loué la chambre d'à-côté,
» Mange ici maintenant? — Depuis a-t-il pesté !
— Grâce à cet incident, j'ai pu saisir son être
« Hors le nez, pour cela, vous ouvrez la fenêtre
« Et le placez à table en face de ce jour;
« Moi, pendant que Sylvain dévore sa pitance,
« J'achève de croquer ce cher petit amour...
« La chose vous va-t-elle?—Ah! je crains qu'il ne danse
« Et ne s'emporte encor comme une soupe au lait.
— Vous le cajolerez, — Par fois cela lui plaît.
— Or donc, petite mère, usez de mon remède,
« Appelant Cupidon et la ruse à votre aide,
« Du farouche Sylvain, vous calmerez les sens.
» Ainsi c'est convenu?—De bon cœur j'y consens.

— Un baiser pour ma peine…—Ah! j'entends sa sonnette.

— Quel mari complaisant..! Au revoir belle Annette.

III.

…. Eh ! que prétends-tu faire?
Tu te prends à plus dur que toi.
LA FONTAINE (*Le Serpent et la Lime.*)

« Annette, vite et chaud, servez le chocolat.

— Je fais cuire un merlan et quatre œufs sur le plat.

— Au diable ton merlan, j'aime mieux ne rien prendre

 « Car je n'ai pas le temps d'attendre,

 « L'ordonnance du maire… à propos de cela :

« Mon épouse oubliant ce qu'on lui recommande,

« Comme officier public, je la mets à l'amende.

— A l'amende ! et pourquoi ?—Je vous attendais là :

 « Le devant de ma porte,

« Qui donc l'a balayé ? Le vent probablement ?

« Oh! si je ne me…!—Quoi! pour si peu tu t'emporte?

 — Oui, j'ai tort vraisemblablement…

 « L'épouse d'un fonctionnaire

« Qui doit montrer l'exemple, ose se dispenser

 « De balayer et d'arroser !!…

— Il m'a fallu servir ton nouveau locataire.

— Comment il se permet..?—Calmes-toi mon chéri,

 « Mon bon petit mari…

— En défaut, au surplus, vous n'êtes pas la seule,

« Encor doit figurer sur mon procès-verbal

« La plus franche bégueule.....

— La Coquillard ?—Tout juste. Hier dans un grand bal

  « Cette superbe mégissière

  « A galoper passa la nuit entière ;

« Et ronflant ce matin, Gothon sa cuisinière

  « A fait les choses à moitié...

« Puis c'est une odalisque... Il règne en sa boutique

  « Un luxe asiatique !

  « Hein ! ayez donc de la pitié... ;

« Mais son rouget, vois-tu, je ne l'en tiens pas quitte,

« Demain les gens de loi seront à sa poursuite...

— Mange vite ces œufs, ce mets ne vaut rien froid.

  — Et depuis quand dans cet endroit

  « Ouvre-t-on la croisée ?

  « Je vous trouve bien avisée...

— Cette petite chambre est chaude comme un four.

  — C'est surtout en plein jour

  « Que vous osez, madame,

« Me mettre face à face avec mon ennemi ?

« Tenez, je l'aperçois...—Non, c'est son apprenti.

—Fermez cette fenêtre...Entendez-vous ma femme ?

  — Fi ! que c'est laid de s'emporter ainsi !

  « Ton locataire en doit être saisi...

— La quinzaine expirée il sortira d'ici.

  — Ta barbe n'est plus fraîche,

  « Elle est d'hier pourtant ;

« Mais c'est égal, je t'aime tout autant...

—Laissez là mon menton.—Quittez cet air revêche,

    « Entendez-vous, méchant...

« Aimez-vous toujours bien votre petite Annette ?

    « Faites-lui la *risette*.

—Ah! chatte! double chatte!—Embrasses ta minette.

      — Bonjour,

    « La nuit est pour l'amour ;

« C'est l'heure maintenant de battre le tambour,

« Si j'osais t'écouter je ferais des sottises ;

« Le devoir avant tout, pour lui point de remises. »

    Le couple en était là,

Lorsque sur l'horizon reparaît Dubocage :

A l'aspect de Sylvain, aucun sombre nuage

N'obscurcissait son front. —«Grand homme te voilà!

(Lui dit d'un ton moqueur notre fonctionnaire) ;

« Ta présence chez moi, n'est pas chose ordinaire...

« Que fais-tu maintenant... des coqs, des léopards,

« Des singes?—Non, je brosse un mulet, puis je pars.

    — La Vénus hottentote

« T'appelle en son royaume ? Ah ! l'aiglon est lancé,

« On parlera de lui dans la région haute ;

« Mais c'est quand les canards pourront porter la hotte.

    Méprisant ce trait émoussé,

      A l'oreille d'Annette,

      Dubocage penché

      Disait à la pauvrette :

« L'affaire est faite. »

Le mot était lâché,

Que déjà Braconnet, armé de deux baguettes

Et muni d'un tambour,

Allait dans Landerneau recommencer son tour.

Le peintre l'arrêtant : « Dis-moi donc — oui, tu guettes

« La souris... tu voudrais...? Nenni,

« Croque ma femme

« Si tu veux... Quant à moi, merci...

« Au revoir, Raphaël, mes respects à madame.

— Je viens te parler de Rouget.

— On sait à quel sujet,

« Je suis sourd et pour cause...

— Il s'agit de tout autre chose :

« C'est aujourd'hui la Saint-Crépin,

« Messieurs les cordonniers ont chaussé l'escarpin...

— Crois-tu m'apprendre une nouvelle?

— Mais Satan s'est aussi logé dans leur cervelle.

— Bah! — Pour un cuir brûlé

« Que Rouget leur vendit naguère,

« Ils s'arment pour la guerre...

— Tudieu! comme tambour je veux être enrôlé!..

« Achèves, ceci m'intéresse.

— Engagés par une promesse,

« C'est au sortir de la grand'messe,

« Juste au coup de midi,

« Que tous les *Crépinois*, coiffés d'une salade,

« Doivent sous son auvent, en guise de roulade,

   « Faire un bruyant charivari.

— J'en suis, nom d'un balai !—Le triste camarade

« Mérite, parbleu bien, de ta part une aubade...

— Je poursuis mon idée : au son de mon tambour,

« J'assemble sur les lieux la ville et le faubourg.....

— A l'office, Chéri, tu sais que ta présence...?

— Bah! pour ne pas manquer pareille circonstance,

   « En dépit du bon saint Crépin

    « Je ferai faux bond au lutrin...

     « *Moi je trotte, moi je trotte,*

     « *Je me moque de la crotte...*

Ainsi le goguenard s'éloigne en fredonnant;

   Et l'artiste était rayonnant!...

   Annette de rechef avisant Dubocage :

« Pendant qu'il tambourine, allons voir votre ouvrage.

— A midi sur la place... On ne vous dit que ça...

   « La pratique m'appelle,

   « Un tout petit baiser la belle.. »

Le baiser pris, le peintre s'éclipsa.

IV.

     ..... Il lui fallut retourner au logis
Honteux comme un renard qu'une poule aurait pris.

LA FONTAINE (*Le Renard et la Cigogne.*)

   La scène allant changer de face,

Je quitte ma chambrette et j'arpente la place,

Attendant le coup de midi ,

Alors je n'étais point par le bruit étourdi ;

Là ni chat ni chien à mes trousses ;

Madame Coquillard lisait à son comptoir,

Plus loin , deux filles rousses,

Laides à faire peur, occupaient le trottoir...

Espérant peu rencontrer quelque belle

Bijou très-rare à Landerneau,

Je rebrousse chemin... Perché sur une échelle

J'aperçois Dubocage accrochant un tableau

Juste au-dessus de la boutique

Du mégissier Rouget ;

Et celui-ci, devenu sa pratique,

Du geste alors l'encourageait...

Je ne distinguais rien, n'est la moquette verte

Dont l'œuvre était couverte.

Cet apprêteur de peaux de chèvre ou de lapin ,

Probablement en ce jour inaugure

Un saint Crépin ;

Ce saint ne peut chez lui faire triste figure,

Et souvent une enseigne assure le crédit.

Enfin j'entends sonner midi,

Au détour d'une rue

C'était un train... une cohue...

« Bon! (se disaient entr'eux Dubocage et Rouget),

« L'imbécile a le soin d'annoncer sa présence,

« Voilà la farce qui commence... »
Battant la charge, en effet Braconnet,
Précédé d'un cornet,
Vrai cornet à bouquin, débouchait sur la place,
Traînant à sa remorque une maudite race,
Genre bâtard
Qu'on appelle *moutard*...
Par le bruit avertie,
Annette paraît aussitôt,
Voulant être de la partie,
Aussi toute la ville accourait au grand trot...
Debout sur son échelle
Dubocage bientôt,
Par sa noble attitude, impose à la sequelle !
S'adressant aux moutards :
« Silence, enfants, je requiers la parole...
« Braves *Landerneausois*, vous, amis des beaux arts
(Il mentait comme un drôle),
« Écoutez un discours nullement apprêté :
« Sorti d'une célèbre école,
« Dans Lutèce jadis j'étais fort bien cité ;
« Mais depuis poursuivi par la nécessité,
« J'abandonnai Paris pour une humble cité ;
« J'espérais parmi vous jouer un premier rôle,
« Autre déception !... Un cuistre, un insolent,
« Indigne selon moi de porter un nom d'homme,

« Ose dans Landerneau ravaler mon talent !

« N'exigez pas messieurs que ma bouche le nomme,

 « Vous le voyez ! !.. » Disant ces mots,

Il avait brusquement arraché la moquette,

Pour offrir à nos yeux une enseigne coquette...

« Ah ! (disent les moutards, et jusques aux marmots),

« C'est Sylvain Braconnet et sa grosse sonnette... »

Annette était saisie, à part soi la pauvrette,

Disait en soupirant : « Oui, c'est bien là chéri ;

« Mais c'est un mauvais tour qu'on joue à mon mari. »

Et le moins avisé pouvait-il s'y méprendre ?

Au bas de cette enseigne, et sur un parchemin,

On lisait ce qui suit : *Au Réveille matin,*

 « *Peau d'âne à vendre...* »

C'était jusqu'à la bride insulter le baudet ;

 Sur-le-champ Braconnet

 Se vit comme un benet

Hué, berné, sifflé par cette populace

Que lui-même venait d'assembler sur la place.

 Notre hôte *honteux et confus,*

« *Jura, mais un peu tard, qu'on ne l'y prendrait plus.* »

LE SCULPTEUR

ou

LA COLONNE DE L'APPRENTI.

Qui trop embrasse mal étreint.

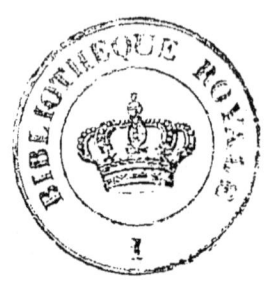

I.

Ne sutor ultra crepidam (*)

Jadis pour indiquer sa demeure dernière,
L'homme se contentait d'une modeste pierre,
   Et plus communément, je crois,
    De simples branches d'arbre
    Représentant une humble croix;
Mais de nos jours chacun cherche à singer les rois...
Sous un bloc tumulaire ou de bronze ou de marbre,
Le courtier, le marchand, le plus mince bourgeois,
    En attendant un nouvel hôte
     Reposent côte à côte.
Puisqu'un siècle orgueilleux veut qu'il en soit ainsi,
Moi j'offre à mes lecteurs l'histoire que voici :
Naguère à Popincourt Guillaume Demasure
    Possédait un vaste atelier
    Qu'il consacrait à la sculpture....
Son nom avait déjà dépassé son quartier :
Mourait-il un parent, une épouse, une fille ?
    Tous les membres de la famille,
L'œil humide de pleurs, venaient le supplier
D'élever sur un tertre à cette âme exilée,

(*) Mot d'Apelles, peintre de l'antiquité : ce mot, devenu proverbe, a été reproduit par Phèdre, dans ses Fables.

Uu riche ou simple mausolée...

D'un peintre qui dans l'art précéda *Raphaël*,

A maître Demasure,

On pouvait appliquer ce proverbe immortel :

« *Cordonnier, ne va pas plus haut que la chaussure.* »

Bien qu'on vantât partout Guillaume outre mesure,

Cet artiste, à ce qu'on assure,

N'était point un *Anguier*.

Quand il fallait scier,

Polir une tablette,

Tailler un stylobate, un fût, un lampion,

Mon champion

S'escrimait à merveille ;

Alors tel qu'un ivrogne à l'ombre d'une treille,

Vidant un verre plein,

Guillaume Demasure était sur son terrain ;

Mais on le mit un jour à la plus rude épreuve,

Un manuscrit poudreux m'en a fourni la preuve.

Messire loup Pattongle, ex-fournisseur au Mans,

Qui sut de la bonne manière

Rationner bêtes et gens,

Sur ce point j'en appelle à trente régiments ;

Et Pattongle, au surplus, n'en faisait point mystère.

Un beau jour qu'il songeait à son heure dernière,

Ce Crésus parvenu, seigneur de la Fourrière,

Écrivit un billet fort court,

Par lequel il mandait l'aigle de Popincourt ;
   Et celui-ci d'arriver au plus vite.
« C'est toi, Guillaume ? à t'asseoir je t'invite. »
—Que désire monsieur ?—Nous voulons un tombeau ;
   Mais corbieu qu'il soit beau !
Il faut qu'il rivalise avec les Sept Merveilles ;
Dès aujourd'hui, mon cher, consacre-nous tes veilles.
— Et sans doute il s'agit d'un citoyen marquant ?
—Ce citoyen c'est moi !.. partant point de clinquant,
   « Tailles en conséquence,
» Surtout joins au talent beaucoup de diligence. »
   — Monsieur, sans me vanter.....
   — Du reste on te dispense ;
« Etends tes larges mains, nous allons te compter
» D'avance ce qu'il faut pour couvrir ta dépense. »
De Guillaume, lecteur, grand fut l'étonnement,
Il était détenteur d'un très gros numéraire,
Seulement pour l'achat du marbre funéraire ;
   Semblable versement
Devant s'effectuer aussitôt que l'ouvrage
Présenterait à l'œil un brillant sarcophage.

II.

Il fuit, sa gloire tombe, et le destin lui marque
son véritable rang.

          (*J.-B. Rousseau.*

   Frétant un bâtiment
   Guillaume lestement

Fait arriver par mer un marbre pentélique ;
Mais comment employer ce produit de l'Attique ?
    Sans la bosse artistique
   Comment répondre dignement
    Au vœu de la pratique ?
Pattongle, de Guillaume, exigeait du nouveau,
    Du beau, du grandiose
    En dépit de la glose ;
Et voulait que le tout sortit de son cerveau...
   Ses veilles étaient saccadées,
    Dans ses maigres idées
    Guillaume s'abîmait,
    Encor plus ne dormait ;
Et les nuits à son compte étaient trop tôt passées...
S'il se creusait la tête à trouver un sujet,
Les *Pilon,* les *Coustou,* les *Goujon,* les *Puget,*
Venaient en peloton se coudre à ses pensées...
Enfin pour s'affranchir de tous ces importuns,
Gens qui la veille encor lui semblaient opportuns ;
   Sans souffler le mot à personne,
   Il s'en va droit à Babylone,
Dans le but d'explorer le tombeau de *Ninus,*
Celui de *Nitocris,* chefs-d'œuvre peu connus...
Le malheureux allait s'asseoir sur des ruines ..
A voyager ainsi, lecteur tu t'imagines,
    Qu'il lui fallut du temps ;

Parti par une nuit d'automne,
    De Babylone,
Il n'était point encor de retour au printemps....
Femme, enfants, apprentis, en étaient fort en peine;
Pattongle, heureusement, n'eut vent de la fredaine,
La goutte l'arrêtait dans ses appartements.
D'attendre un insensé, craignant qu'il ne se lasse,
(Messire était enclin à des emportements).

    Que fait un apprenti? du maître il prend la place.
Cet apprenti, lecteur, se nommait Jean Dubourg,
Il atteignait vingt ans : si son pas était lourd,
Son esprit fin, subtil, sa blonde chevelure
    Et son visage régulier
    Ne pouvaient que faire oublier
      Une pesante allure...
    Poussé par une douce et noble ambition,
L'apprenti jour et nuit se cramponne à l'ouvrage ;
    Bientôt à force de courage,
    De soins et d'application,
De son ciseau jaillit une svelte colonne
Que Demasure en vain cherchait à Babylone...
    Instruit de ce fait étonnant,
      Pattongle incontinent
Dans ses vastes jardins donne ordre de descendre.
Cet objet qui plus tard devait couvrir sa cendre,
    Honneur qu'il paya largement...

Il vit à ses dépens rire maint philosophe ;

  Lui leur répondit hardiment :

« Mon esprit, je l'avoue, est d'assez mince étoffe,

» A vous l'art de bien dire, à moi le positif.

» Sur une des parois de ce haut cénotaphe

» Je n'en ferai pas moins graver cette épitaphe :

  »» *Passant, lis et sois attentif :*

  »» *Ci-gît un homme actif*

»» *Qui fit dans les calculs un long apprentissage;*

»» *Si jadis exploitant les vivres, le fourrage,*

»» *Bêtes et gens par lui furent rationnés;*

» » *Il payait en écus qui n'étaient pas rognés.* »»

Cette digression m'éloigne de Guillaume :

  Le pauvre homme !

Hélas ! du *vieux Nemrod* (*) il revint à pas lents

  Maudissant son voyage.

Ce fut bien pis encor quand sur ses cheveux blancs,

  Sur son maigre visage,

Pattongle se portant champion des beaux arts,

  Répandit d'insolents brocards !!

Guillaume enfin perdit près de vingt ans de gloire

Et son nom reste en blanc au temple de mémoire.

(*) *Eski Nemrod,* nom que les arabes donnent aux ruines de Babylone.

NOËMI.

PÉRÉGRINATION ARTISTIQUE ET SES SUITES.

« Soit instinct, soit reconnaissance,
« L'homme, par un penchant secret,
« Chérit le lieu de sa naissance
« Et ne le quitte qu'à regret.....
(GRESSET.)

«*Après un jour d'orage il retrouve un beau soir.*»
(Madame C. Parfait Merlieux, *Mélancolie.*)

Ce récit n'est point une fiction, il repose sur un fait qu'un de nos Sous-cripteurs a bien voulu nous communiquer; et pour qu'il pût s'ajuster à notre cadre, nous nous sommes donné la peine de le traduire en vers.

Un jour, tel qu'un Mahométan,
Je fumais mon chybouck au pied de Mokattan ;
    Là, j'étais en extase
A l'aspect du soleil qui de son dernier jet,
Paraissait empourprer du sommet à la base
    Les Pyramides de Djiseh...
Plus tard sous un palmier balancé par la brise,
    Je découvris une fellah;
    C'était la perle de Tourah !
Dans ses ablutions mes yeux l'avaient surprise...
A sa taille flexible, à son galbe si pur
    Je l'avais reconnue...
Oui c'était Noëmi qui, sous un ciel d'azur,
    Se livrait à moi toute nue !!...
« Respectons sa pudeur, m'exclamai-je soudain,
» Si la chaste Fellah, si confiante au bain
» Te savait là... juge de ses alarmes !
    » Sur son beau sein
    » Tu verrais ruisseler des larmes...
  » Fuyons, fuyons, que le regard humain
    » Ne souille plus longtemps ses charmes... »
Mon pas précipité me trahit à demi,
Le lendemain, j'épousai Noëmi.

❋

« Un navire appareille au port d'Alexandrie,

» Suis-moi, ma Noëmi, ma compagne chérie,

» Fais tes adieux aux bords du Nil;

» Et viens habiter ma patrie,

» Ce Paris qui naguère admira ton profil

» Sur un des lambris du Musée....

» Tu pleures, Noëmi.... Quelle triste pensée

» Occupe tes esprits?... Hier t'ai-je abusée?

» Hier, en te donnant à moi,

» Tu reçus en échange et mon cœur et ma foi ...

— Pour te suivre je quitte à jamais mon vieux père,

» Ma jeune sœur.... Voilà ce qui me désespère.....

— Je suis Européen, et ta race me hait;

» Mais c'est toi que je veux soustraire à sa vengeance..

— Mon père à notre égard est rempli d'indulgence,

» Ce projet qu'avec soin ta bouche me cachait

» Ne s'accomplira pas!.— J'espère..?—Non, te dis-je!

» Ce Paris à mes yeux n'offre qu'un vain prestige...

— Me laisserais-tu seul poursuivre mon dessein?

— Je dois vivre et mourir au lieu de ma naissance!

— D'un époux, Noëmi, connais donc la puissance :

« Tu portes à cette heure un enfant dans ton sein;

» Si tu ne me suis pas, que la rage s'en mêle,

» Je puis me venger au retour,

» Ce premier fruit de notre amour,

» Et pendrait-il à la mamelle,

» Je puis te l'enlever un jour !..

— Ah ! ce serait infâme !

» Mais pour prévenir ce malheur,

» Aujourd'hui j'abandonne et mon père et ma sœur. »

A ce cri déchirant parti d'une belle âme,

Je pressai fortement Noëmi sur mon cœur ;

     Et riche d'espérance,

Avec elle j'allais m'embarquer pour la France...

     La veille du départ,

Au Kaire elle s'en fut prier à la mosquée ;

     Mais soit trahison ou hasard,

Quand j'allai la rejoindre, une troupe embusquée

     Au nom de Méhémed-Ali,

     Me barra le passage....

L'attendre, c'eût été le parti le plus sage,

Non, j'osai résister et je fus assailli.......

. . . .

Voulant morte ou vivante emporter cette femme,

     Cette autre moitié de mon âme,

Je plongeai dans le Nil, bouleversai son lit :

Rien...! le cœur palpitant, je bondis sur la plage,

J'explorai le désert, vingt cités, maint village ;

     De ma part efforts superflus,

Vivante, Noëmi pour moi n'existait plus !...

. . . , ...

Las! plus de baisers au retour!

Las! plus de ces douces caresses

Qui semblaient m'assurer un éternel amour.....

Pour briser de saintes promesses

Il n'a fallu qu'un jour!....

Dans ma sombre demeure

Je suis seul à cette heure........

«Maître, et ton pauvre Oscar le comptes-tu pour rien?

La voix qui m'interroge est celle de mon chien....

— Pardonne à ma tristesse, ami franc et fidèle,

» Elle avait sous les yeux un excellent modèle;

» Pourquoi m'a t-elle dédaigné?

« Toi lèche, lèche encor la main qui t'a soigné,

» De ta part citerai-je un trait d'ingratitude?

» Non, tu t'es résigné,

» Tu te plais dans ma solitude ;

» Je ne suis cependant qu'un artiste indigent.....

» Ton œil intelligent,

» Ton balai qui s'agite,

» Tout en toi cherche à me prouver

» Que tu n'as point de meilleur gîte....

» Le sort a voulu t'éprouver ;

» Tu t'es dit que m'importe ?

» Je n'en veille pas moins nuit et jour à sa porte ...

» Veille, bon animal, veille toujours sur moi.

» Ici-bas, crois-le bien, mon seul ami c'est toi.... »

❈

J'appelle à moi l'indifférence....
« En vain contre l'amour ton être se défend,
» C'est la mère de ton enfant... »
(Semble-t-elle me dire). Un rayon d'espérance
Se fait jour dans un cœur flétri par la souffrance,
Je me figure qu'elle dort ;
Et j'attends qu'elle se réveille....
Las ! d'un prochain retour je me flattais à tort,
Le lendemain comme la veille
Régnait en ma demeure un silence de mort !

❈

Si sur ma tête éclata maint orage,
Si pauvre pélerin perdu dans le désert,
Je fus souvent trompé par le mirage,
Un riant oasis maintenant m'est ouvert.....
Hier, près de quitter son indigne patrie,
Je revis Noëmi s'échappant d'un harem ;
Mais aussi pure que Marie
Sortant de Bethléem !
Bien que mon âme fût pourvue
De résignation,
Je me sentis pourtant chanceler à sa vue ;
J'étais comme le tremble en oscillation,
Soumis au souffle de la brise....
Elle de son côté n'était pas moins surprise ;

Et craignant pour l'enfant qui dormait sur son sein,
Ce front pur s'obscurcit soudain....
　　　Rappelant mon courage
　　　Et lui tendant la main :
« Ismaël, m'écriai-je, est mon plus bel ouvrage,
» Au nom de cet enfant que je laisse en ôtage,
　　　» Je t'offre le baiser de paix !... »
Ce nouveau talisman, par un effet rapide,
　　　Dissipa le nuage épais
　　　Qui recouvrait un front limpide;
Pas un mot ne sortit de sa bouche timide,
　　　Mais pour cacher son embarras,
　　　La belle Noëmi se jeta dans mes bras.

LE MOULEUR,

LE CURIEUX DÉSAPPOINTÉ,

Pendet narrantis ab ore.

VIRGILE.

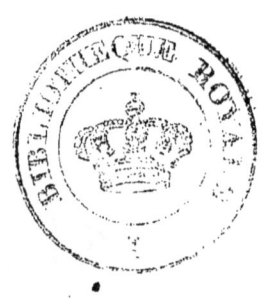

✳

Naguère à Mortemart (*)

On citait un mouleur, *Dantan* de bas étage,
Qui du diable reçut la malice en partage...
Fréquemment cet artiste abusait de son art
Pour *caricaturer* un bon quart du village,
Notamment les bossus, les borgnes, les boiteux,
Aussi ces braves gens étaient-ils tout honteux
D'apprendre qu'ils meublaient son grotesque étalage.
　　Notre héros, nommé Gybkas,
Ne se contentait point des formes les plus drôles,
Il eût encor voulu modeler les paroles;
　　Car pour savoir les *si* les *cas*
　　On le voyait en nage,
　　Harcelant tout un voisinage...
　　Et se mêlant surtout
　　D'intrigues de ménage;
　　Souvent à pas de loup,

(*) Bourgade de la Haute-Vienne.

A ce qu'un chroniqueur rapporte,
Il allait nuitamment écouter à la porte;
Le jour questionner enfants, valets, amis,
Il eût interpellé jusqu'au chien du logis,
S'il avait pu penser que la discrète bête
    Dût-être utile à son enquête...
Michaud, ménétrier d'un village voisin,
Borgne, qu'en dernier lieu, sa mordante spatule
    Avait osé tourner en ridicule ;
De l'attraper forme un jour le dessein :...
C'était un fin matois et comme on n'en voit guère,
    Il connaissait mille ruses de guerre.....
Voici comment cet homme accomplit son projet :
    L'esprit plein du sujet,
Par un temps sec et froid ; mais bien vêtu du reste,
    (Le manteau qui couvrait sa veste
    Lui permettant de narguer les frimas),
    Il devance à grands pas
    La matinale aurore,
Et va droit au logis de l'artiste Gybkas,
    Qui sur son lit ronflait encore...
Là, pour se faire entendre il cause du fracas :
    Une grosse sonnette
    Drelin, drelin, drelin, drelin...
    Allait ainsi son train.
Et Michaud n'écoutant qu'une rage indiscrète

Fatigua tellement cette pauvre sonnette,
    Que son cordon qui frétillait en vain
      Lui reste dans la main.
A son poignet ayant recours soudain,
En cadence, le drôle, ébranle les croisées,
Puis fait frémir les gonds, disloque les verroux ;
    Enfin dans son courroux,
Les portes même allaient être brisées
Lorsque Gybkas se réveille en sursaut....
Voulant savoir d'où ce bruit pouvait naître,
    Crac, de son lit à la fenêtre
    Mon gars ne fait qu'un saut...
      Et reconnaît bientôt
      Le compère Michaud,
Qui tout en s'agitant, frappant de main de maître,
Criait encor : « Vas-tu descendre de là-haut?.. »
On eût dit Barbe-Bleue attendant sa victime....
La peur, en pareil cas, était bien légitime ;
    Aussi Gybkas, tout larmoyant,
Tremblant comme un lapin au fond d'une garenne,
Qui croit ouïr un chien aboyer dans la plaine
S'écrie : « Eh ! mon ami ! ne sois pas si bruyant,
« Et dis-moi quel motif en mon logis t'amène
«Si matin... ne me mets plus longtemps dans la peine.
— Excuse, répond l'autre, un vacarme pareil,
« Je suis vraiment fâché de troubler ton sommeil ;

« Mais descends tout de suite...

— Des brigands, par hasard, sont-ils à ta poursuite ?

—Descends, descends, te dis-je, et sans perdre un instant

— Ta femme, tes enfants, ont-ils voulu te battre ?

— Je viens te confier un secret important...»

Sur ce mot il franchit les marches quatre à quatre,

      Patapan, patapan,

   Et tel qu'un coursier galopant,

Pressé par l'aiguillon d'un mâle combattant.... (*)

    Mons Gybkas dans la rue

     Arrive haletant,....

  Dès-lors commence l'entrevue

      En plein air,

Notez bien : et de plus, la paix avec l'hiver

    N'était encor conclue ;

Mère la Bise à la mine joufflue,

De poumons ce jour-là paraissait bien pourvue.....

   Gybkas était fort peu couvert,

Il n'avait sur le dos qu'une courte chemise ;

   Et sous ce léger cotillon

Désirant visiter son homme tout au long,

    Frou... frou... mère la Bise

    En prenait à sa guise....

(*) Ici l'auteur n'a pas songé à imiter et encore moins à parodier l'o-
nomatopée de Virgile ; ses tableaux reposent assez souvent sur une moralité
empruntée aux classiques, mais c'est tout ce qu'il leur doit.

Gybkas cherchait en vain à baisser pavillon
  Pour couvrir une large face
Dont vingt mains n'auraient pu déguiser la surface...
  Michaud, gardant son sérieux,
    Au milieu de la voie
Conduit d'abord notre *ultra curieux*,
Puis en plein vent, pour mieux saisir sa proie,
Avec assez d'adresse alonge la courroie....
— « Tu me vois, lui dit-il, d'un air plus que contrit,
« Tu me vois, cher voisin, près de perdre l'esprit...

GYBKAS.

  « Babet ta pauvre femme
  « A-t-elle rendu l'âme,
  « Et s'agit-il de la mouler ?

MICHAUD.

« Dieu veuille qu'à jamais elle ignore le drame
« Qui sous mes yeux vient de se dérouler....

GYBKAS.

« Ce drame est donc bien noir ?

MICHAUD.

» Moncher, ceux d'aujourd'hui me semblent pitoyables
« Lorsque je les compare aux scènes effroyables...

GYBKAS. (l'interrompant)

« Rejoignons mon manoir;
« Là tu raconteras l'histoire tout entière.

|MICHAUD.

« C'est de l'air qu'il me faut
« Pour entrer en matière....

GYBKAS.

« Chez moi, mon bon Michaud
« Nous aurons bien plus chaud.

MICHAUD (feignant de se parler).

« J'étouffe de colère !
« Par ce diable incarné
« Je me vis enchaîné !...

GYBKAS.

«Parles donc: en plein air point ne suis à mon aise.

MICHAUD.

« Tu connais bien Gervaise ,
« La femme de Mathieu ?

GYBKAS.

«Après : dépêches-toi, je grelotte en ce lieu.

MICHAUD.

« La cruelle, l'infâme !
« Qu'on ne m'en parle plus.

« Pour justifier cette femme
« Tous discours seraient superflus...

GYBKAS.

« Le temps s'écoule,
« Ici mon corps fait chair de poule.

MICHAUD (feignant toujours de se parler).

« Par ce démon je fus ensorcelé !
« Scélérate femelle !...

GYBKAS.

« T'aurait-elle volé ?

MICHAUD.

« Me plaindrais-je, corbleu ! pour cette bagatelle ?

GYBKAS.

« Eh bien ! au fait : je suis tout congelé ;

MICHAUD.

« Chez moi le sang bouillonne,
« Je suis pire qu'une lionne
« Cherchant ses lionceaux
« Et par monts et par vaux....

GYBKAS.

« Mais au fait, te dit-on, car tout mon corps frissonne,
« N'abuse plus longtemps de ma pauvre personne...

MICHAUD.

« Je m'en vais inventer des supplices nouveaux ,

    « Analyser mes jouissances ,

    « Tout en riant de ses souffrances

       « La pincer,

       « La sucer,

       « La mordre ,

       « La tordre ,

       « La dépecer,

« La broyer, la piler sous ma dent carnassière...

« Je veux, je veux enfin la réduire en poussière!...»

    A travers un pareil fracas

    Michaud gagnait le large ;

On eût dit d'un guerrier marchant au pas de charge ;

    Et l'indiscret Gybkas

    Trottinait sur ses pas

    Criant à perdre haleine :

«Michaud, attends-moi donc: dis moi ce qu'elle a fait.

MICHAUD (s'arrêtant).

« Ce qu'elle a fait?.... la plus horrible scène ,

    « Le plus abominable trait....

« Laisse moi, laisse moi poursuivre l'inhumaine..

GYBKAS.

    « Arrêtes, cher Michaud,

    « Racontes–moi l'aventure au plutôt....

MICHAUD.

« Comble de l'infamie !,...

GYBKAS.

« Achèves, je t'en prie....

MICHAUD.

« Je ne puis, tête bleue, y songer sans horreur !

GYBKAS.

« Daignes me satisfaire !

MICHAUD.

« Porter jusque chez moi la torche incendiaire !...

GYBKAS.

« Ah ! grands dieux !... elle osa.....?

MICHAUD.

Juges de ma fureur !...
« Elle a.... d'un seul regard, incendié mon cœur !!!

. . . .

« Que le diable l'emporte
(Dit Gybkas, en fuyant),
« Fallait-il à ma porte
« Se montrer si bruyant ;
« Dans son récit mettre autant d'étalage,

» Encore au milieu de l'hiver

» M'entraîner aussi nu qu'un ver,

» Presqu'au bout du village,

» Pour m'annoncer, morbleu, ce que je sais déjà.. »

Notre curieux enragea;

Mais ce tour ne le corrigea,

De Mortemart à Rome

Afin d'arracher un secret,

Il eût encor suivi Jean, Jacques ou Jérôme,

Si l'un d'eux jusques-là se fut montré discret.

LA MANCHE ÉCARLATE,

(ÉPISODE DE 1825.)

» ,.... *Trahit sua quemque voluptas.* »
(Virg., Eglog. 2.)

«Tout suit de son penchant l'impérieux attrait.»
(Gresset.)

*

Deux peintres lauréats à leur retour de Rome
Exploraient la Bourgogne, et ceux-ci bientôt las
De parcourir un sol hérissé d'échalas,
Dans un char délabré, cahotant Dieu sait comme;
Rejoignaient la grand'ville en toute liberté :
Voulant voyager seuls, ils avaient acheté
De quelque maquignon ce modeste équipage.
Et grâce à cet achat, j'ai pu remplir ma page :
Un harnais aux trois quarts déchiré par les rats,
Lequel couvrait jadis, un cheval gros et gras,
Se perdait sur le corps d'une maigre cavale
Qui pour contemporain eût cité Bucéphale...
Cocotte était son nom . la pauvre bête, hélas!
N'avait eu jusqu'alors qu'à bénir Paul Monglas (*),
Celui qui conduisait : cet artiste pour elle
Était aux petits soins, chose fort naturelle,
On ne doit maltraiter les anciens serviteurs,
Je le dis en passant aux prévaricateurs...
Malheureuse Cocotte! une seule journée
Devait en maux cuisans changer ta destinée !
Elle allait presqu'au pas; le couple voyageur
Pour pouvoir du chemin oublier la longueur,
Entonnait des chansons d'une voix aigrelette,
Quand de loin Paul Monglas croit voir une fillette

(*) Nom supposé.

Dont la main potelée agitait le rideau
D'un *omnibus roulant* passant par Montereau :
De l'artiste soudain l'enthousiasme éclate ;
Il n'avait vu pourtant qu'une *manche écarlate;*
—« C'est le bras d'une femme!—En es-tu bien certain?
(Répond son compagnon) : — J'ai le fouet à la main,
« C'est le cas d'en user ; — Ménages notre bête....
— Eh ! mon cher il s'agit de faire une conquête! »
Pressé par le désir de franchir le trajet,
Pour contempler les traits de ce sublime objet,
Il fouette à tour de bras la pauvre haquenée,
Et bientôt Paul Monglas atteint sa dulcinée....
Mais que dis-je, grands Dieux! dois-je le répéter?
Un lâche en pareil cas eût pu s'inquiéter,
Tourner bride et s'enfuir aussitôt dans la plaine...
Confiant aux échos ses frayeurs et sa peine....
Au lieu de ce minois tentant le genre humain,
De ces yeux veloutés, de cette belle main,
De ces légers contours... c'était... l'énorme cuisse,
Le poignet, l'œil farouche, et la barbe d'un Suisse !..
Cocotte après sa course, et le fait est certain,
Avait laissé ses os au milieu du chemin ;
Mes voyageurs forcés de traîner la voiture
Instruisaient les passants de leur mésaventure.

LE
PEINTRE D'HISTOIRE,

ou

LE CHAMBELLAN.

Les sots depuis Adam sont en majorité.

(Casimir Delavigne.)

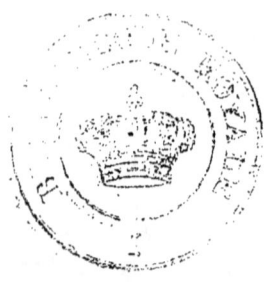

1.

Le mulet d'un prélat se piquait de noblesse,
    Et ne parlait incessamment
    Que de sa mère la jument
    Dont il contait mainte prouesse.
Elle avait fait ceci, puis avait été là ;
    Son fils prétendait pour cela
    Qu'on le dût mettre dans l'histoire.

(LAFONTAINE.)

Au temps de Frédéric le grand,
Un peintre jeune encor, qui tenait un beau rang
    Dans le monde artistique,
Et qu'on citait partout pour la vigueur du trait,
        Chargé de faire le portrait
        Du profond politique,
        Usant de son habileté,
    Voulant léguer à la postérité
        Une page d'histoire,
        Montra ce potentat
Ramenant à Berlin ses compagnons de gloire...
        L'officier comme le soldat,
        A cette œuvre patriotique

Ne pouvait qu'applaudir....

En ce qui touche la critique,

Et c'est un fait que j'ose garantir,

Pour la dame caustique,

Le monarque un beau jour composa ce distique :

« Vous trouverez tout bien, tel est mon bon plaisir,

« Mes gens, si vous mordez, sont là pour vous saisir. »

Frédéric cette fois sut être laconique....

Le tableau néanmoins, si j'en crois la chronique,

Faisait schisme à la cour : malgré l'ordre du roi,

Plus d'une injurieuse épître

S'adressait à l'artiste et vous saurez pourquoi....

Un chambellan en titre,

Qui pour une clé d'or prononça vingt serments

Et n'avait vu le feu que des appartements,

Homme présomptueux, d'un mérite assez mince,

S'était imaginé qu'il devait par son rang

Figurer au tableau sur la ligne du prince....

A l'atelier du peintre un matin il se rend

Paré de ses insignes.

L'artiste l'abordant : « Vous chez moi, monseigneur?

D'occuper vos instants les peintres sont-ils dignes?

— Je veux bien, mon ami, vous faire cet honneur;

Le sujet qui m'amène, en deux mots je l'explique :

« Je désire poser pour votre œuvre historique...

— Vous voulez, dites-vous...? — Mon cher, point de répliqu

— Mais cela me surprend.

— Ne suis-je le bras droit de Frédéric le grand?

— Certes, je rends hommage à votre caractère;

« Mais ne devant tracer qu'un tableau militaire,

« Si je reproduisais les traits de monseigneur...

« Vous devinez le reste?—expliquez-vous, monsieur.

— L'anachronisme enfin, serait par trop sensible,

  « Et dans le vrai je me complais...

— Je suis un dignitaire, un brave...—C'est possible;

  « Mais en Prusse, jamais

« Un premier chambellan ne quitte le palais,

  « Tel est le vœu de l'étiquette;

« A séduire le cœur d'une grande coquette

  « Souvent il borne sa conquête,

« S'il gagne à pareil jeu quelques billets musqués,

« Sont-ce là des lauriers?—Mon cher, vous vous moquez?

— Dieu m'en garde! au surplus, notre toile est remplie.

— Non, votre œuvre sans moi ne peut être accomplie....

— A tort vous insistez; — Écartez celui-ci:

— C'est un feld-maréchal; — Sa laideur jure ici.

— Son front est sillonné par mainte cicatrice,

« Et vous le trouvez laid?—Mais ce n'est qu'un caprice;

— L'original existe. — Effacez celui-là:

— Naguère à Friedberg il perdit une jambe.

  — Cet autre que voilà

« A le teint frais, vermeil, et paraît fort ingambe?

— Oui, mais à Kesselsdorf il a laissé son bras ;

—Quoi ! parmi ces débris...?—Là gît notre embarras

    — « Mais c'est une plaisanterie,

        « Plutôt, je le parie

    « Vous aurez mutilé vos gens

    « Pour économiser le temps...»

C'était le seul reproche, en bonne conscience

    Qu'on put adresser à l'auteur ;

    Du reste, à l'œil d'un connaisseur,

L'œuvre dans son ensemble accusait la science :

Modelé, draperie, agencement, couleur,

    Tout était bien en harmonie....

Par le présomptueux harcelé de nouveau,

L'artiste semble prêt à flatter sa manie,

    Certaine espiéglerie

    Traversait son cerveau...

— Vous voulez sur ma toile occuper une place ?

— Eh ! mais sans doute :— il faut de guerre lasse

    « Que je vous satisfasse...

— N'allez pas, mon ami, nous reléguer trop loin ;

    — Je ne vois que ce petit coin,

« Où devait figurer, grimpé sur une mule

« L'aumônier du grand roi.—Moi, premier chambellan

« Je ne figurerais que sur le second plan ?

    « Ce serait par trop ridicule...

— Il en doit-être ainsi : — Soyez moins entêté ;

— Chez moi c'est un point arrêté.

— Faites donc, diable d'homme

« Comme vous l'entendrez, car ce débat m'assomme.

« Surtout n'oubliez pas mes plaques, mes cordons?

— Comment donc ! c'est par là... — Bien, nous nous entendons.»

L'artiste avait repris ses pinceaux, sa palette,

Devant lui monseigneur posait, faisait jabot,

Au bout d'une heure interpellant ce sot :

— Là, bornons la séance.--Ainsi l'œuvre est complète

Je suis bien ressemblant?

— A vous peindre, seigneur, j'ai mis tout mon talent.

— Voyons : — je vous ménage une aimable surprise.

Et soudain d'une toile grise

L'artiste couvre son tableau...

Trouvant le procédé nouveau

Le chambellan insiste, et l'autre lui réplique :

« A Potzdam, monseigneur, aux yeux des courtisans

« Demain j'exposerai cette page historique,

« Or, prenez patience.—Eh bien! soit, j'y consens.»

II.

Ceci s'adresse à vous, esprits du dernier ordre,
Qui n'étant bons à rien cherchez sur tout à mordre.
(LA FONTAINE.)

Telle qu'une vague en furie

Déferlant sur la grève, on vit le lendemain

Toute une cour de souverain,
Envahir de Potzdam l'étroite galerie...
On distinguait parmi les gens à parchemin,
Tous les notables de Berlin...
Magistrats, gazetiers, artistes,
Philosophes, légistes,
Poëtes, prosateurs
Étaient venus grossir ce flot d'admirateurs...
Ensuite on remarquait un certain gentilhomme
Qui sans doute attardé, coudoyait Pierre et Jean,
Criant à perdre haleine : « effacez-vous bonhomme,
«Et laissez le champ libre au premier chambellan!»
Son titre était un talisman;
Sans mot dire, aussitôt chacun livre passage
Au noble et puissant personnage,
Qui suant sang et eau
Arrive, et cherche en vain ses traits sur le tableau :
Il disait à part, lui : « c'est bien là mon costume,
« Mes plaques, mes cordons, ma corpulence enfin,
« Mais cette tête est celle d'un vilain! »
De s'emporter il n'avait pas coutume;
Mais lorsque le vase est trop plein
Il faut bien qu'il déborde... Aussi le pauvre sire
Sans songer qu'il armait
Contre lui la satire,
Lui, que la colère animait,

Imprudemment s'écrie :

« A ce misérable faquin

« Nous servîmes de mannequin ! »

Tout furieux, le sot quitte la galerie...

Pour mettre tout le monde au fait

Ce mot devait suffire...

A nos contemporains il est bon de tout dire :

Notre jeune peintre en effet

Avait osé planter sur le corps de messire

La tête d'un vieux caporal

Très connu dans Berlin, troupier original,

Et qui jadis malgré sa courte taille

S'était fait remarquer sur vingt champs de bataille,

Notamment à Breslau, Molwitz et Chotusitz...

Ce type révélait la touche d'un grand maître ;

Les traits étaient si bien saisis

Qu'on ne pouvait le méconnaître...

A quelques courtisans,

Hommes d'esprit et de bon sens,

Le tour parut des plus plaisans,

Le roi tout le premier s'était permis de rire... ;

Mais d'autres conservant leur morgue, leur fierté,

Blâmèrent cette hilarité.

C'était le plus grand nombre ; or, c'est le cas de dire:

« *Les sots depuis Adam sont en majorité.* »

Le tableau que d'abord ils trouvaient admirable,

N'était plus à leurs yeux qu'une œuvre pitoyable,
Aussi contre l'artiste ils lancent un hourra,
Dans l'ombre encor c'est à qui frappera;
  On s'échauffe, on s'anime,
De là surgit mainte épître anonyme...
Méprisant l'ennemi qui lui cachait son nom
Notre héros s'abstint de parer cette botte,
Il pouvait s'écrier, avec juste raison :
  « A la vanité la plus sotte,
« Je n'en donnai pas moins une bonne leçon. »

UNE FIN D'ARTISTE,

ou

L'INGRATE CITÉ.

Le talent rampe et meurt s'il n'a des ailes d'or.

(GILBERT.)

A LA MÉMOIRE

De Charles Simon,

ARTISTE PEINTRE,

MORT A VINGT ANS!

—◦§§◦— .

Ce jeune homme qui donnait les plus belles espérances, dont les œuvres ont été par deux fois exposées au Salon ; ce jeune homme qui fut *la proie d'un moment*, n'a point, grâce à Dieu, connu sur cette terre les angoisses de l'artiste. Jouissant d'une honnête aisance, ses parents n'avaient rien épargné pour qu'il pût cultiver son art avec succès, et c'est en cela que Charles Simon différait de notre héros.

✻

Un peintre naquit dans tes murs,
    Où sans cesse il vit ses ouvrages
    En butte à tes outrages!.....
    Ailleurs ses succès semblaient sûrs,
    Il part pour *la grand'ville,*
Mais encor là son talent fut stérile.
Comment durant sa vie, eût-il été connu,
    Il avait faim, il était nu!..... (*)

. . . .

« Mes tableaux au néant vont-ils appartenir?
    « Le présent est si sombre
« Qu'il ne leur promet point un brillant avenir...
    « Les voilà refoulés dans l'ombre ;
« S'ils ne sont pour toujours condamnés au sommeil,
« Serai-je encor debout à l'heure du réveil?
    « Le doute m'obsède et m'attriste ;
« N'auraient-ils obtenu qu'un rayon de soleil,
« Qu'en moi j'eusse senti bondir un cœur d'artiste!»

. . . .

(*) Les vers accompagnés de guillemets ont été détachés de son Album et se trouvent ici reproduits fidèlement.

❋

Espérant fléchir le destin,
Il guide sa marche incertaine
Vers la ville inhumaine...
Qu'y venait-il chercher?... du pain!
Mais cité sans entrailles,
Il n'osa franchir tes murailles,
Ton fol et sot orgueil l'aurait-il reconnu?...
Il avait faim, il était nu!

. . . .

« Ingrats, qui sans pitié m'avez abandonné!
« Si contre vous un jour s'irrita ma faconde,
« Depuis mon cœur a pardonné.
« Dans ce bas monde,
« A souffrir plus ou moins chacun est destiné;
« Maintenant je puis dire, à l'exemple du sage:
« La vie est un passage,
« Laissons agir le sort.
« Ici, loin de nous plaindre,
« Attendons l'inflexible mort
« Sans la désirer ni la craindre. »

❋

Que fait là son buste d'airain?
Hélas! il orne une fontaine!...

Ta vanité mondaine,

A nos yeux tu l'étale en vain...

Cet hommage au génie

N'est plus qu'une amère ironie...

Comment durant sa vie

Eût-il été connu?

Il avait faim, il était nu!...

. . . .

Sa noble intelligence au ciel est remontée,

Et comme souvenir sa dépouille est restée....

Naguère il succomba sur le bord du chemin

Qui mène en droite ligne au comtat Venaissin.

En face, au pied d'un monticule,

Une humble croix de bois nous révèle son nom;

Si jamais tu parcours ces lieux en phaëton,

Pour un instant, lecteur, quitte ton véhicule,

Et sans honte agenouille-toi!

A cet acte pieux, ami, je te convie;

Pour venger mon héros, répètes avec moi:

« Comment durant sa vie,

« Eût-il été connu?

« Il avait faim, il était nu! »

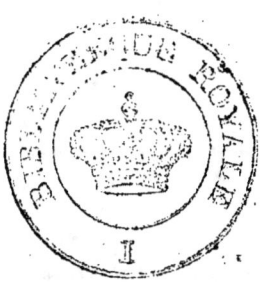

LE RAPIN,

ou

LES ARTISTES EN GOGUETTES.

Non ignara mali, miseris succurere disco.
(VIRG., OEneid. lib. I.)

Mes malheurs m'ont appris qu'un esprit généreux
Doit se montrer sensible au sort des malheureux.
(SEGRAIS.)

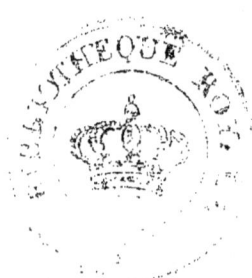

❀

I.

PROLOGUE.

Les plaisirs sont amers sitôt qu'on en abuse.
(Mad. Desuoulières.)

Mon cher lecteur,
J'ai déjà devant toi fait poser le *Sculpteur,*
Le *Mouleur,* le *Peintre d'histoire,*
Et le *Peintre d'enseigne* et le *Peintre amateur,*
Qui tous ont éprouvé plus ou moins de déboire....
A tes yeux aujourd'hui j'expose le *Rapin,*
Ce groom de l'atelier, dont la maigre livrée
Exhale l'outre-mer, le cinabre et l'orpin....
Par ses soins la palette une fois préparée
Pour peu que l'atelier compte un ou deux farceurs,
Il n'est pas de noirceurs
Que ceux-ci, souvent même à la barbe du maître,
Ne fassent endurer au pauvre petit être.....
Mais le rapin le plus infortuné
Était sans contredit Thibaut Lagarencière,
Fils d'une humble fruitière....
Cet enfant semblait né
Pour être le jouet des hommes....
Faux philanthropes que nous sommes!

En public nous osons prêcher la liberté,
Nous la voulons pour tous, notre esclave excepté...
Thibaut pouvait avoir quinze ans, pas davantage :
Plus simple qu'on ne l'est d'ordinaire à cet âge,
Avec lui les railleurs avaient toujours beau jeu ;
Mais par rapport à l'art, Thibaut était précoce,
Nul autre mieux que lui ne maniait la brosse,
Il travaillait beaucoup et s'amusait fort peu ;
    Raison de plus pour que l'envie
        Se mit de la partie....
    Tous ses compagnons d'atelier
    Paraissaient avoir pris à tâche
    De le dégoûter du métier ;
    Le maître, *bon père ganache*,
    Laissait faire sans souffler mot....
    Mieux eût valu qu'il fut grimaud,
    Tout du moins à la malveillance
    Il aurait imposé silence....
    Thibaut, valet de l'atelier,
    Se rendait-il chez l'épicier
Pour acheter le sel, le beurre ou le fromage,
Sans qu'on s'en aperçut on campait sur son dos
    Cet écriteau qui des badauds
        Déridait le visage :
« *Épicier, garde à toi, Thibaut est un gourmand.* »
    Lui supposant pareil penchant,

Le crédule marchand
Contre le petit drôle éclatait en reproches,
Et ne laissait partir son prétendu chaland
  Qu'après avoir vidé ses poches....
«Moi!(s'écriait Thibaut) moi, passer pour gourmand!
 » Moi, qui durant une journée
» Me contente, morgué, d'une pomme fanée
  » Et d'un simple morceau de pain !...»
Cet enfant disait vrai... notre pauvre Rapin,
  En maudissant sa destinée,
Rentrait-il au logis;.... soudain
Quand la porte s'ouvrait, une cruche inclinée
Déversait sur sa tête un liquide alcalin.
  « Cette eau (lui criait un malin),
» Doit te purifier et noyer ton chagrin.... »
  Avait-il épuisé sa verve
  A peindre une Minerve,
  Cet emblême de la raison.
  Avec assez d'adresse
On plaçait sur son chef un bonnet de coton;
  Si bien que la sage déesse
Ne représentait plus qu'un sale marmiton....
  Pour surprendre sa vieille mère,
  Qui malgré sa misère
Raffolait des oiseaux, notre pieux Rapin
Voulait-il élever un malheureux serin;

Un beau matin

On sortait l'oiseau de sa cage ;

Et lestement on couvrait son plumage

D'ocre ou de vermillon : c'était si bien qu'à l'œil

Don serinet pouvait passer pour un bouvreuil.

Ne devant pas survivre à la métamorphose,

Aussi le faux bouvreuil le soir était parti

Pour rejoindre l'auteur de la métempsycose

Et lui donner un démenti....

Enfin, chaque matin, j'en ai déduit la cause,

Thibaut à son retour

Devait s'attendre

A quelque méchant tour....

Et ces maudits farceurs, il fallait les entendre !

Si mon Rapin s'avisait de pleurer :

« Tes pleurs ne sont pas d'or, cher petit héraclite,

» Va trouver Démocrite,

» Bien loin de se désespérer

» Lui, c'est un franc luron et toujours prêt à rire. »

Lagarencière, il est bon de le dire,

Si naïf et si confiant

N'avait pas de rancune,

A son égard, pour peu qu'on parût bienveillant,

Il oubliait son infortune.

. . . .

II.

UNE SCÈNE D'ATELIER.

—

O miseras hominum mentes, o pectora cœca !
(Lucret., lib. 2.)

Que l'esprit de l'homme est borné !
(Mad. Deshoulières.)

Un certain jour de carnaval,

Occupés des apprêts d'un bal,

Tous mes farceurs laissaient respirer leur victime,

Et lorsqu'Achille Méringuier,

Le boute-en-train de l'atelier

S'écrie : « Eh mais ! Thibaut, messieurs, est notre intime

» Le négliger ce serait mal à nous... »

—Tu plaisantes?...—Non pas : je dis cela sans rire...

« A notre bal paré, Thibaut veux-tu souscrire ?

THIBAUT.

Avec quoi donc? sur moi je n'ai que deux gros sous.

MERINGUIER.

Ah diable ! notre ami, nous sommes loin de compte.

THIBAUT.

Et ma mise d'ailleurs, là-bas, vous ferait honte.

MERINGUIER.

Ton pantalon n'est-il percé qu'aux deux genoux ?

THIBAUT.

Autre part.... c'est-à-dire....

MERINGUIER.

Épargne-nous le reste.

THIBAUT.

Ma vieille mère encor pour boucher d'anciens trous.
Rogna tant mon habit qu'elle en fit une veste.

MERINGUIER.

Eh ! mon pauvre garçon ! pas de gêne entre nous ;
Un trou, deux trous, trois trous, voyez la belle affaire!

THIBAUT.

Mais j'y songe !... je puis déguiser ma misère :
D'abord, d'un coup de poing j'aplatis mon chapeau,
Ensuite à mon *étui* j'adapte un vieux morceau
Vert d'eau, jaune de Sienne, écarlate ou ponceau,
Et je figure au bal en vrai *Robert-Macaire*.

MERINGUIER.

Y songes-tu, Thibaut ?
Robert-Macaire ! type usé jusqu'à la corde !
Puis, il faut qu'un costume avec l'âge s'accorde...

THIBAUT.

Je ne suis en effet qu'un imberbe, un rapin...
A votre bal pourtant j'irais bien tout de même ;

Mais déguisé comment? en pierrot, en scapin?
Ce costume, pour moi, n'est pas assez mesqui n,
C'est tout au plus, morgué, si sur ma face blême
On voudrait me louer cet habit d'arlequin,
Dont s'affuble un moutard plantant là sa famille
Pour aller s'amuser au bal de la Courtille....
Tout bien considéré passez-vous du rapin,
Avec mes quatre sous j'achèterai du pain.

MERINGUIER.

Laisse-toi donc tenter... nous aurons pour danseuses
  Les premières farceuses
De la *Grande-Chaumière*. Anna, Carolina,
  Julia, Francina, Paulina, Célina,
  Modèles à cinq francs la paire ;
   Leur vénérable père
   Par-dessus le marché!...

THIBAUT.

Bah! j'ai vu leurs appas et je n'ai pas bronché...

MERINGUIER.

Mais nous aurons encor s'il ne fait pas de crotte
  Léontine, Zozo, Joséphine, Lolotte,
   La superbe Séraphina,
   Et d'autres noms en a ;
Bas bleus, Bourre de soie*, auteurs du second ordre

---

* Expression pittoresque, employée pour désigner les passementières *beaux esprits*. On n'ignore pas que de nos jours *la manie d'écrire* s'est glissée jusque dans les plus modestes ateliers.

Que les rats du Parnasse au talon voudraient mordre ;
Mais on leur en *tricote*... eh bien ! brave Rapin
Pour eux te sens-tu prêt à chausser l'escarpin ?

THIBAUT.

Non, Thibaut avant tout doit penser au solide.

MERINGUIER.

Sache-donc, mon ami, qu'un ambigu splendide
    A minuit nous attend.
    Que diable ! c'est tentant !...

THIBAUT.

    De votre ambigu je me moque ;
Pour passer mes jours gras, moi qui suis peu gourmand
Je me contenterais de deux œufs à la coque...

MERINGUIER.

    Écoute un moment :
Comme il faut, dit le sage, entre amis qu'on s'entr'aide
Nous paierons ton écot... n'est-ce pas ?—Oui vraiment.

THIBAUT.

Ah ! vous m'en direz tant, qu'il faudra que je cède.

MERINGUIER.

Ainsi c'est convenu ?

THIBAUT.

Je ne peux pourtant pas aller au bal tout nu...

MERINGUIER.

Attends donc : il me pousse une idée excellente,
Délirante, *mirobolante !*
Sans bourse délier,
Sans même quitter l'atelier
Tu peux prendre un costume.

THIBAUT.

Le corps oint d'amidon
Veux-tu que je me roule à tes yeux dans la plume,
Et qu'ainsi déguisé je danse un rigodon ?

MERINGUIER.

L'idée est par trop vieille ;
Ce serait copier le cynique Scarron....
La mienne offre une scène à nulle autre pareille.
Approche, je m'en vais te la dire à l'oreille....

.   .   .   .

Aimant fort intriguer,
Achille Meringuier
Ménageait de la sorte une étrange surprise
A ses compagnons d'atelier ;
Et comme eux le patron qui bien loin de bailler
Avait ri dans sa barbe grise,
N'en put savoir plus long.
Thibaut seul mis au fait, Thibaut ivre de joie,
Jetant sa calotte au plafond ;
Se montrant cette fois plus stupide qu'une oie,

De s'écrier : « c'est dit,
» Lâche qui se dédit ! »

III.

LE BAL TRAVESTI.

—

...... Esto; desisti nempe, nec ultra
Fovisti errorem. Breve sit quod turpiter audes.
Quœdam cum primâ resecentur crimina barbâ.
Indulge veniam pueris.
(JUVÉNAL, sat. 8.)

L'on peut aux jeunes gens passer quelque licence ;
Mais dès qu'on a vingt ans trève à toute indulgence.
(SILVECANE.)

A ma grande surprise à ce bal artistique
  Je me vis invité :
   — Était-ce en qualité
  De conteur, de critique ?
   — Je n'en sais rien, lecteur.
Enfin, toujours est-il qu'on me fit cet honneur....
On se réunissait chez un restaurateur
  Tout près de Belleville ;
   Là, ne comptant point intriguer,
  Je m'y rendis en costume de ville ;
   Pour ne pas trop me fatiguer
J'avais eu soin de prendre un *sapin* sur la place,
  Et grâce au pour-boire promis
  Les chevaux dévoraient l'espace.
Avec un peu d'argent dans ce siècle rapace,

Bêtes et gens nous sont soumis;
C'est le seul éperon qui stimule leur zèle.
  Videz souvent votre escarcelle,
  Autant d'écus, autant d'amis....
  Cette réflexion banale
Chemin faisant occupait mes esprits.
  Alors je traversais Paris
  Au milieu de sa bacchanale,
  D'où j'espérais peu qu'il surgit
  Quelqu'aventure originale.
  Qu'est-ce donc qu'une capitale?
(Me demandais-je ensuite), un torrent qui mugit;
  Au temps des mascarades
C'est un fleuve qui coule; et ces naïfs badauds
  Sont comme autant de myriades,
De poissons argentés qui sillonnent ses eaux.
  Chose à mon sens fort monotone;
  Mais les scènes d'intérieur
  Voilà ce que j'affectionne!
  Là, toutes les fibres du cœur
Sont comme à jour, à l'œil le sang circule;
  Là, le vice et le ridicule
  Se tiennent par la main....
  Seul ainsi dans mon véhicule,
  Dissertant sur le genre humain,
Je ne m'aperçus pas que le père Grégoire,
Mon brave automédon réclamait son pour-boire.

« Dormez-vous(medit-il).—Suis-je arrivé?-Parbleu!

» Aussi des quatre pieds mes chevaux ont fait feu,

» Ils ont bien gagné leur avoine...»

— Voilà ton dû. — Merci notre bourgeois,

» Pensez à nous une autre fois...»

Je suis au bal : là, quelle macédoine!

Quels bizarres accouplements

Se meuvent en cadence au son des instruments !

Ah! c'était bien, je puis le dire,

Le monde renversé....

Mais comment provoquer le rire

En traitant un sujet usé?

Ma prétention n'est pas telle,

Si j'exploite une bagatelle,

Je veux qu'on trouve au bout une utile leçon,

Mission qu'en dépit de mon siècle brouillon

Je me suis imposée.....

A plaisanter pourtant ma muse est disposée :

Dans un vaste salon

Pompeusement nommé le *temple d'Apollon*,

Un *tourlourou* faisait sauter une *sultane*,

Une *sylphide* en robe diaphane

Réglait ses pas sur ceux d'un *portefaix*,

Un *chiffonnier* quittant sa hotte et ses crochets,

A *madame la présidente*

Voulait bien faire vis-à-vis....

L'*écaillère* à la voix stridente

Etreignait dans ses bras un jeune et beau *marquis*.

Désertant son pays conquis,

Une *odalisque* à la prunelle ardente,

Courait avec un *postillon*....

Sur leurs pas galopait un épais *moinillon*

Ayant en croupe une *arlequine*....

Après, venait *Janot* léchant une tartine

En pourchassant un papillon....

Plus loin, se trémoussait *Rolet, maître fripon*,

Coiffé d'une immense perruque,

Avec un *diablotin*

A califourchon sur sa nuque....

Un vieux *pacha* fuyait avec *Catin*.

Cette charmante cantinière

Voulant braver la loi de Mahomet,

A chaque halte arrosait de madère

Ce descendant d'Achmet....

En dehors du quadrille,

Une *rosière* assez gentille

Transigeait avec la pudeur,

Sur les genoux d'un *débardeur*....

Un *hidalgos* d'une recherche exquise,

A *mère Ango*

Servait de *cortejo*.

Une vieille *marquise*,

Au plus sale *cureur d'égoûts*

Paraissait faire les yeux doux...

A quoi bon disputer les goûts ?...

Un fin *normand,* se disant de Falaise ,

Etait la dupe d'un *titi....*

Un tout petit

Garde française

Souffletait *un grognard* du grand Napoléon. —

Et la *chevalière d'Eon* ,

Tout près d'un *spadassin* se pàmait sur sa chaise.

Le charlatanisme en haillon ,

Le célèbre *Robert-Macaire*

S'avançait pour presser la main

D'une *sommité littéraire* ,

Que tout haut ce calembredain

Osait appeler son *confrère;*

Mais notre auteur avec dédain

Lui répliquait : « mon cher passez votre chemin.»

Un *nécromancien,* espèce d'astrologue ,

Et fort mauvais plaisant,

S'en allait partout prédisant :

« **Que** *tel* ce dramaturge aujourd'hui tout puissant,

» **Dans** *cinq mille ans* aurait encor *la vogue.*» *

---

* Hors le nom propre retranché, l'auteur ne répète ici que ce qu'il a entendu dire publiquement. Pour que sa prédiction reposât sur une probabilité, il eût fallu que *l'astrologue* prît un terme moyen, 2,000 ans par exemple *terme, présumé de la durée d'une œuvre contemporaine ;* mais en dépassant de beaucoup ce chiffre raisonnable, il y avait évidemment de sa part intention malveillante.

MERINGUIER (s'adressant à la sultane).

Et vous, ma Zétulbé? vous, si chaste et si belle !...

ZÉTULBÉ.

Moi, je désire la cervelle....

THIBAUT.

Pour le coup c'est trop fort !
Insensible sultane,
Vous voulez donc qu'on me trépane?

ZÉTULBÉ.

Calmes-toi, cher dindon; je reconnais mon tort:
Coupez l'autre aileron....

MERINGUIER (s'adressant à Séraphina).

Et vous, mon amazone,
Qui ne le cédez à personne,
Quand il s'agit de damer le pion?....

SÉRAPHINA.

Je réclame le croupion....

THIBAUT.

Le croupion!.... Cette fois qu'il y vienne!

MERINGUIER.

Dindon, qu'il t'en souvienne :

9

Dieu t'a créé pour nos menus plaisirs.....

(S'adressant à Séraphina.)

    Vous, puisque tels sont vos désirs,
    Il faut que je les satisfasse....

THIBAUT (à Méringuier, prêt à enlever le morceau).

« N'approche pas, bourreau ! je te crache à la face ! »
A ce mot énergique on demeure atterré ;
Il faut que cet enfant soit bien exaspéré
Pour oser se permettre un semblable langage....
La pudeur parle haut dès l'instant qu'on l'outrage.
De ce mâle défi semblant peu s'occuper,
Meringuier de nouveau se dispose à couper
Lorsque Thibaut, joignant l'effet à la menace,
Expectore un crachat qu'il lui lance à la face !...
    Soudain de sa prison,
    La fragile cloison
Se déchire en craquant... et dès lors plus d'obstacle ;
    Mais pour l'œil quel spectacle !
Le rapin s'offre à nous, « dans le simple appareil
« D'une beauté qu'on vient d'arracher au sommeil. »
Un très long bruissement parcourt toute la salle ;
    La moins prude crie au scandale ;
    Un mauvais plaisant crie au feu...
Les clyssoirs artésiens aussitôt sont en jeu.
    Rouge de honte et de colère,
    Allant de ci, de là,

Mettant les pieds dans plus d'un plat...

Mon héros en bannière

Ne sait où se fourrer ;

C'est sa chute de reins, c'est son pauvre derrière

Qui tient lieu de gouttière....

Pêle-mêle, chacun là cherche à se garrer ;

Mais la garde intervient sur l'heure,

Qui balayant tout ce monde amassé,

Le force à quitter la demeure....

Achille dénoncé

Comme le vrai coupable,

Traverse le salon

Pour s'en aller coucher au *violon.*

L'artiste charitable

Que j'ai déjà cité, couvre de son manteau

Le pauvre petit diable,

Alors tout trempé d'eau,

Dans l'état le plus pitoyable....

Déjà brillait au ciel l'étoile du matin,

Ayant pris sur place un *sapin,*

Dans les bras d'une mère, hélas! plus qu'étonnée,

Bientôt il déposa le malheureux rapin....

Cet artiste vraiment humain

Eût pu dire à l'instar d'un empereur romain :

« *Je n'ai pas perdu ma journée.* »

Son cœur compatissant

Éprouvait un regret, un regret bien cuisant;
C'était de ne pouvoir fléchir la destinée.

VI.

ÉPILOGUE.

—

Desine fata Deum flecti sperare precando.
(VIRG., Œneid. 6.)

Le ciel sur nos souhaits ne règle pas les choses.
(P. CORNEILLE, Pomp.)

Thibaut, à la peinture avait fait ses adieux;
Mais que de pleurs amers échappés de ses yeux,
Ont depuis arrosé le seuil de la fruitière!...
Un jour d'été passant par là
Je le surpris, ce bon Lagarancière,
Ainsi causant avec sa vieille mère.

THIBAUT.

Fatale destinée!... A présent me voilà
Fruitier!...

LA FRUITIÈRE.

Eh bien! après? on dirait à t'entendre
Que c'est un déshonneur....

THIBAUT.

Vous ne pouvez pas me comprendre...

LA FRUITIÈRE.

Est-ce un si grand malheur?

THIBAUT.

Ma mère, cet état ne vaut pas la peinture.

LA FRUITIÈRE.

Si tu te rappelais ta maudite aventure,
Tu vendrais sans rougir des choux et des panais;
Tes amis, comme toi, morgué je les connais....

THIBAUT.

Tout le mal qu'ils m'ont fait mon cœur le leur pardonne

LA FRUITIÈRE.

Bah ! ton âme est trop bonne ;
Si mon pauvre défunt ne fût monté là-haut,
Lui, e'était un fier homme,
Ni boiteux, ni manchot
Ton père, Jean Pacôme.
Par ainsi, sois certain, qu'à tous ces parpaillots
Il eût rompu les os....

THIBAUT.

Ailleurs je puis trouver un peu de bienveillance.

LA FRUITIÈRE.

Oui, tout comme je danse....
De nouveau va, mon chou, vas te faire arroser,
Ah ! peut-on ainsi s'abuser !!!...

THIBAUT.

Las! c'est mon pinceau, ma palette,
Mon art enfin, que je regrette!...

LA FRUITIÈRE.

« Laisse là ton ancien métier,
« Que diantre! un honnête fruitier
« Peut valoir un artiste....

THIBAUT.

« Ma mère, c'est toujours bien triste
« D'éplucher des cerneaux
« Quand on se sentait né pour peindre des tableaux!»

.   .   .   .

La gloire était son rêve;
Et cette enchanteresse en vain l'avait bercé!
Arbuste plein de sève
Il espérait grandir, et lorsqu'il fut brisé,
Non par la faulx du temps, mais par la main des hommes.
Las! au siècle où nous sommes.,
Aussi combien d'artistes menacés
Jusques dans leurs labeurs, leur plus chère existence!
Combien d'artistes effacés
Par d'indignes rivaux, dont la seule jactance
Souvent impose à l'être le moins sot!...
Voici mon dernier mot :
Artistes, entre vous, soyez plus charitables,
Et puissent mes leçons vous être profitables.

Deuxième Série.

*

✻

Le succès des *Phases de la vie artistique* étant maintenant assuré par un bon nombre de souscripteurs, nous allons continuer nos excursions dans le domaine de la critique.

Hommes de bons sens, gens d'esprit, intelligences d'élite, vous tous enfin qui daignez nous prêter votre appui, recevez ici nos francs remercîments !

A ceux qui ont voulu *stigmatiser* notre œuvre (1) ;

A ceux qui nous ont *jeté la pierre et caché le bras* ;

A ceux qui croient nous avoir *tué* ;

A ceux qui sérieusement se sont mis en frais pour rédiger notre *Bulletin Nécrologique* (2) ;

Nous nous contenterons de dire :

« *Petit bonhomme vit encore.* »

(1) Le *Tam-Tam.*
(2) La *Revue Critique.*

LE RÊVE
D'UN DANSEUR.

..... D'erreur en erreur il est précipité.
(POPE, *Essai sur l'homme.*)

Bizarre est notre espèce, il faut en convenir ;
Qui pourra se flatter de la bien définir ?
Une simple analyse, un fait psycologique
Suffit pour dérouter la plus saine logique....
Notre âme assez souvent, au milieu du sommeil,
Brûle d'un feu divin qui s'éteint au réveil....
L'homme semble doué d'une double existence * :
Chez plus d'un somniloque, en mainte circonstance
J'en ai fait la remarque.... Orkan, cet usurier,
Qui sait ce qu'en un an peut produire un denier,
Qui sur un lucre vil fondant ses espérances,
De la veuve aux abois aggrave les souffrances ;
Ce moderne traitant, fléau des malheureux,
A peine sur sa couche a-t-il fermé les yeux,
Qu'un changement s'opère en son âme sordide,
Une vierge n'est pas plus tendre, plus candide,
Un ange le domine et le guide à son gré....
Flore, cette sylphide élégamment taillée,

* Ce que les Anglais appellent *double sight*.

Flore est pudique en rêve et lascive éveillée....
Son partenaire Arthur, cet artiste cambré,
Ce danseur fait au moule, et sur qui la coquette
Se plaît, risquant un œil, à braquer sa lorgnette ;
Arthur est à bien prendre, un petit maître ambré,
Un être vaporeux, une âme étiolée
Qui se trouble à l'aspect d'une rose effeuillée ;
Morphée a-t-il sur lui répandu ses pavots,
Qu'il pense, parle, agit en grand homme, en héros ! *

Tout cela peut être, mais cela n'est pas, répliquera l'homme du monde tant soit peu sceptique, *c'est le mesmérisme régénéré* répondra à son tour le demi savant. En présentant ici le résultat de ses remarques, l'auteur n'a point prétendu faire triompher *l'exception* aux dépens *de la règle;* il reconnaît au contraire qu'il est resté dans le vrai, celui qui a dit quelque part :

« Au moment du réveil on poursuit parfois le cours d'un rêve déjà commencé ; de même en s'endormant, la pensée qui préoccupait encore éveillé se prolonge dans le sommeil ; mais cette pensée se complète alors d'une manière fantasque, monstrueuse, elle ressemble à ces demi divinités de la fable dont le buste était humain et dont les désinences se déroulaient capricieuses comme les inventions des poètes. Chacun saisit sans effort le moment du réveil ; mais il n'a été donné à aucun homme de pouvoir indiquer précisément le point qui sépare pour lui la veille du sommeil. Ce point est réel pourtant ; mais il est comme la ligne qui, droite ou courbe est sans largeur et sans épaisseur. Cette incertitude de l'instant où nous passons de la vie d'un jour à l'assoupissement d'une nuit, n'est-elle pas un bienfait de la Providence, nous enseignant à apprécier l'heureuse imprévision de l'heure de notre mort? En même temps nos facultés intellectuelles, dont l'exercice ne cesse point avec l'engourdissement de nos membres, ne démontrent-elles pas en nous l'existence de cette puissance vitale qui n'est pas la vie du corps? Les rêves ne sont-ils pas une révélation manifeste de l'immortalité de l'âme ? »

C'est son rêve, lecteur, que j'ai voulu traduire ;
Vois où le *double sight* se plut à le conduire :
Il dormait en plein jour, sur son lit étendu,
Et parlait assez haut pour qu'il fut entendu :
Sa main lors dirigeait une barque légère ;
Arthur bientôt aborde une terre étrangère....
Le plus riant tableau se déroule à ses yeux !
Séduit par la richesse et la beauté des lieux ;
Sans esprit * de retour, il quitte sa gondole
Et la laisse voguer aux caprices d'Eole....
Une cité superbe, un port majestueux
Reposaient sur les bords d'un fleuve impétueux ;
C'étaient à chaque pas des colonnes doriques,
Des cirques, des palais, des temples, des portiques;
Le luxe et la grandeur régnaient de toutes parts ;
Mais aucun bastion ne flanquait les remparts,
Nuls gardes apostés pour lui crier : *Qui vive ?*
Nuls vaisseaux dans le port, nuls chantiers sur la rive,
Nulle ombre d'industrie... Ici des insensés
Cachant leur pauvreté sous un manteau d'hermine,
Là des gens en guenille et rongés de vermine
Sur la dalle endormis ; là des êtres blasés
Qui se sentant revivre aux flammes d'une orgie ,
De Satan à grands cris invoquaient la magie...
Là des spectres vivants , des doublons entassés ,

* *Esprit*, synonyme d'*intention*.

Soudain éparpillés, ratelés, ramassés...
Et plus loin, repoussés par de chastes Suzannes,
Des modernes Crésus qui mâchonnaient leur frein,
Qui, voulant à tout prix colloquer un écrin,
Appendaient leur offrande au front des courtisanes...
Là des hommes sans foi... là des amants trahis
Sous leurs pieds écrasant le sein d'une *Laïs*...

. . . .

Cette étrange cité, du ciel abandonnée,
Ne sortait pas des mains de quelque Idoménée :
Ce n'était point Salente, attendant pour fleurir
Que le sage Mentor daignât la secourir !
Au dehors, l'œil fixé sur de vastes campagnes,
Arthur apercevait des chaînes de montagnes,
Des plaines, des forêts, des côteaux, des vallons ;
Et sans qu'il découvrit le moindre des sillons....
Cet immense terrain pétri par la nature,
De l'homme réclamait la plus simple culture.

« Au dedans, à quoi bon tout ce luxe insolent?
(Se demandait Arthur), un monarque indolent
« Bornant là ses travaux, se croit-il des plus riches?
« Oserait-il dormir quand ses biens sont en friches?
« Quand tout est délaissé? ne sait-il qu'au dehors
« Des ronces, des cailloux encombrent des trésors?
« N'eût-il du secouer le bras de ces canailles

« Qui ronflent en plein jour au pied de ses murailles?

« N'eût-il dû s'entourer de larges bastions,

« Construire des vaisseaux, former des bataillons,

« Etablir des comptoirs, exploiter ses salines,

« Emplir des magasins du produit de ses mines?...

« Ne devait-il, usant d'un pouvoir absolu,

« Châtier rudement un peuple dissolu?

« Plutôt, joignant l'exemple à d'utiles paroles,

« moraliser ce peuple en fondant des écoles...

« A quoi penses-tu donc, monarque fainéant?

« Ne sais-tu que tes pieds atteignent le néant,

« Qu'un César, descendant, de son char de victoire

« Peut t'arracher du lit pour t'annoncer sa gloire?

« Et lorsque tu verras sur tes frêles remparts

« De ce mâle guerrier flotter les étendards,

« Puis voler en éclats ton sceptre et ta couronne,

« Insensé! voudras-tu te cramponner au trône?

« Voudras-tu te raidir contre les coups du sort?

« Tu te réveilleras dans les bras de la mort,

« Tes superbes palais seront réduits en poudre,

« Et toi-même avec eux écrasé par la foudre!...»

Arthur lui révélait les secrets du destin :
Aussitôt le soleil paraît à son déclin,
Des nuages épais se pressent, s'amoncèlent,
De toutes parts les cieux et la mer étincèlent,

La foudre murmurant avertit les échos;
Déjà le vent irrite et soulève les flots,
De sinistres oiseaux s'éloignant du rivage
Planent sur son palais jetant un cri sauvage!...

Pénétré des dangers qu'il allait essuyer,
N'écoutant que son cœur, il courait l'éveiller,
Quand rappelant ses sens, dégageant sa paupière,
Ses yeux appesantis s'ouvrent à la lumière....
Il n'était plus ému, pour cet esprit léger
Ce rêve poétique eût dû se prolonger....
De bout à peine, Arthur s'assied à sa toilette ;
Se parfume, s'habille, agite une sonnette....
« Qu'on attèle à l'instant, Jones me conduira
« D'abord chez ma maîtresse, ensuite à l'Opéra. »

En 1833, l'auteur a publié dans la *Gazette des théâtres* une légende en vers, qui offre également l'exemple *d'un rêve suivi* : bien qu'elle ne se rattache pas à notre spécialité, nous reproduirons ici cette légende; mais seulement comme *Appendice et en caractères distincts.*

APPENDICE.

✳

Libre aux *pères cinglants* de fouetter sans pitié une innocente
Bachelette; mais avant de brandir l'étrivière, ils voudront bien lire
Ce passage extrait du *Lutrin vivant* :

« Pour les bigots et les froids précieux,
« Peuple sans goût, gens qu'un faux zèle inspire,
« De nos chansons, critiques ténébreux,
« Censeurs de tout, exempts de rien produire,
« Sans trop d'effroi, je m'attends à leur dire.
» Déjà j'en vois un trio langoureux,
» S'ensevelir dans un réduit poudreux
« Fronder mes vers, foudroyer et proscrire
« Ce badinage, en faire un monstre affreux,
« Je les entends gravement s'entredire
« D'un air capable et d'un ton doucereux :
« « Y pense-t-il ? Quel écrit scandaleux !
« « Quel temps perdu ! pourquoi, s'il veut écrire,
« « Ne prend-il pas des sujets plus pompeux,
« « Des traits moraux, des éloges fameux?... »
« Mais dédaignant leur absurde satire,
« Aimable abbé (1), nous ne ferons que rire
« De voir ainsi ces graves ennuyeux
« Perdre à gronder, à me chercher des crimes,
« Bien plus de temps et de peines entre eux
» Que je n'en perds à façonner ces rimes. «

(1) Zegonzac, ami de Gresset.

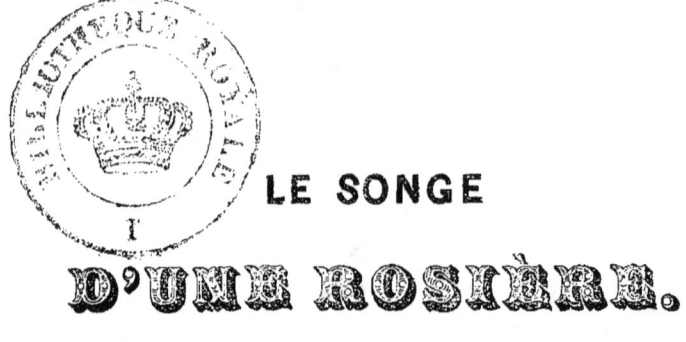

LE SONGE
D'UNE ROSIÈRE.

Un sort errant ne conduit qu'à l'erreur

(GRESSET.)

En 1700, à *La Motte Chartreuse*, (1)
Bourgade au sexe un peu malencontreuse,
Chacun citait la fille de Mathieu :
Elle était belle et ne s'en doutait guère ;
A ses appas on déclarait la guerre,
Lise évitant tous les garçons du lieu
Sut conserver son modeste apanage ;
Et Lise un jour, comme étant la plus sage,
Par le pasteur vit son front couronné...
Ce choix, dit-on, n'excita pas la haine ;
Mais fit pleurer plus d'une Madelaine
Surprise au bois souillant la marjolaine...
Le lendemain de ce jour fortuné
Notre héroïne, à l'ombre d'un vieux chêne,
Dormait, rêvait, tandis que son troupeau
De toutes parts blanchissant le côteau,

(1) Pays de la basse Bourgogne où se trouvait un vaste monastère détruit par la *bande noire* en 1825.

Se régalait au sein de la bruyère.
La pauvre fille, hélas! rêvait tout haut,
Son auditeur, espèce de rustaut,
Caché près d'elle épiait chaque mot,
Et raconta le fait à sa manière;
Mais s'exprimant un peu trop librement,
J'ai dû, lecteur, dégrossir la matière... ·
La somniloque et par enchantement
Avait quitté son court ajustement,
Son bavolet, sa houlette légère,
Pour prendre un lourd et large accoutrement :
Tous ses trésors reposaient sous la bure,
On distinguait à peine sa figure
Qu'un feutre épais se plaisait à masquer,
Lisette encore était belle à croquer!!
Mentalement la simple bergerette
Seule suivait le chemin de *Lorette*
Et dans le but d'exécuter un vœu
Qui de l'auteur de la machine ronde
Assurément n'eût point reçu l'aveu.
A mon avis ainsi courir le monde,
C'est ignorer les volontés de Dieu...
La nuit fuyait : l'amante de Céphale
Développait son écharpe d'opale;
Dans le vallon tout encor sommeillait
Hormis l'oiseau qui parfois gazouillait
Et le ruisseau qui roulant sur l'arène
Allait tout doux s'épandre dans la plaine...

Ma pèlerine avançait à bon train,
On aurait dit d'une biche égarée
Que poursuivait une meute altérée...
Mais vous saurez qu'un sémillant lutin
Hâtait son pas jusqu'alors incertain :
C'était, lecteur, la nymphe Péristère. —
Cette colombe, à la cour de Cythère
Allait, je pense, implorer son pardon (1).
Apercevant l'oiseau rasant la nue,
Jetant au loin son feutre et son bourdon :
« Ah ! (s'exclama la fillette ingénue)
« Le saint Esprit sous les traits d'un pigeon (2) !
« Dieu voudrait-il être aujourd'hui mon guide,
« Sans plus tarder, suivons son vol rapide ;
« Selon mon cœur ce pigeon généreux
« Doit me conduire au sein des bienheureux... »
Qu'en advint-il ? La jeune solitaire,
Le nez en l'air s'en fut droit à Cythère
Toujours courant : là, sur un lit de fleurs
Offrant à l'œil les plus vives couleurs,
L'espiègle enfant jouait avec sa mère,

---

(1) Cupidon fit un jour gageure avec Vénus à qui aurait cueilli le plus
de fleurs en une heure de temps, la nymphe Péristère parut tout à coup
et se joignit à Vénus, ce qui le fit perdre ; Cupidon, de colère, métamor-
phosa cette nymphe en colombe (*Extrait du dictionnaire de la fable*).

(2) Ici l'auteur a été entraîné par la situation : *honni soit qui mal y
pense.*

Pour l'ignorante et naïve bergère,
Ce lieu charmant était un paradis,
De joie aussi poussa-t-elle deux cris
Qui s'échappant d'une bouche confite,
Devaient trahir la fraîche néophite...
La preuve en est qu'amour qui l'entendit
En souriant à son cœur interdit,
S'en vint sur l'heure appliquer la torture.
Il fallut bien-céder en pareil cas,
Que voulez-vous ? c'est la loi de nature...
Le dieu fripon de ses doigts délicats
Touche la bure humide de rosée,
Lise soudain se voit débarrassée
De l'attirail qui couvrait tant d'appas,
Objets qu'ici je ne décrirai pas...
En cet état la pudique rosière
Las! éprouvait un cruel embarras!
A droite, à gauche, et devant, et derrière,
On la voyait tournant ses jolis bras.,.
Cette tactique était neuve à Cythère :
L'amour riait de ces prompts ricochets,
Le maître fourbe, en guise de hochets,
Pendit bientôt au col de la *rosière*
Son petit arc, son carquois et ses traits;
De cette armure une vive étincelle
Jaillit au cœur de l'humble jouvencelle
Qui tout à coup oubliant ses attraits
Et du pasteur la leçon paternelle,

Finit... mais non, non ça n'en vint pas là.
Au même instant son chien la réveilla,
En aboyant l'exacte sentinelle
Avertissait la chaste pastourelle
Qu'il était temps d'assembler le troupeau
Et de porter ses pas vers le hameau.
De ce service elle ne tint pas compte,
Au bon Médor on ajoute, à sa honte,
Qu'elle brusqua ce fidèle animal;
Mais, dira-t-on, c'était agir fort mal?
Moi, franchement, j'excuse sa colère?
Lise donnait un regret à Cythère,
D'un rêve enfin qui lui semblait charmant,
Elle eût voulu savoir le dénoûment.

ERRATA.

Page 5, au lieu de *parodoxe,* lisez *paradoxe.*

Page 27, au lieu de *s'exclama* lisez *s'exclame.*

Page 28, au lieu de *ceci complète le tableau,* lisez *c'est l'âme du ta-bleau.*

A la page portant pour titre *le Rapin,* au lieu de *succurere,* lisez *succurrere.*

Page 111, au lieu de *hidalgos,* lisez *hidalgo.*

Page 113, après ce vers : *Un pèlerin censé venir du mont Carmel,* au lieu de *ou de Jérusalem,* lisez *se disant breveté du ciel.*

Page 126, au lieu de *à ce banquet s'était,* lisez *à ce banquet c'était un peu mêlé.*

Pages 139 et 141, au lieu de *double,* lisez *doble sight.*

LE POÈTE ÉLÉGIAQUE,

OU

LE REPAS DANS LA GOUTTIÈRE.

Crevit in adversis virtus.
LUCAN.

Plus il fut traversé, plus il fut glorieux.
RACAN.

✳

I.

Carmina lætum
Sunt opus, et pacem mentis habere volunt.
(Ovid. trist. 5. egl. 12.

Les vers sont des enfants qui naissent dans la joie.
L'esprit doit être en paix pour produire des vers.
(Prépetit de Grammont.)

En 18..... Versac, humble poète,
Habitait un grenier quartier de la Huchette,
Le portier Rigolet à chaque terme en vain,
Se présentait à lui la quittance à la main ;
Toujours il répondait : *néant à la requête*....
«Le pauvre diable est sec comme un vieux parchemin
(Dit Rigolet un jour tout en hochant la tête),
« Si je ne touchons rien de notre nid à rats,
«Monsieur, au bout du compte, en sera-t-il moins gras
« Non, morbleu! par ainsi faut qu'un propriétaire
« Quelquefois s'humanise envers son locataire.
« Au diable le loyer !... » Gagné par la pitié
Rigolet avait pris Versac en amitié.

Cet ami ne pouvait que flatter sa marotte ;
S'il lui lisait ses vers, Rigolet attentif,
Point n'employait son temps à siffler la linotte ;
Mais il s'extasiait sur le moindre motif...
Souvent on surprenait mon poète en chemise
Déclamant, modulant et faisant les beaux bras (1),
Tandis que Rigolet versé dans la reprise
Réparait de son mieux *l'étui des Pays-Bas*.....
D'un métal bien connu, pas la moindre parcelle,
Ne venait d'autre part meubler son escarcelle
Et ses derniers six liards forcés de déloger
Etaient passés trop vite aux mains du boulanger.
Ses amis, *grands viveurs*, le sachant sans ressource,
Impitoyablement avaient fermé leur bourse.
« Laissons, s'étaient-ils dit, cet *aligneur de vers*,
« Doit-on se ruiner pour nourrir un travers ? »
Ceux-ci, gorgés de mets, gorgés de Malvoisie,
Ignoraient-ils qu'un *rien* eût pu le soulager ?
Le poète ici bas ne vit pas pour manger :
Des rêves sur son pain voilà son ambroisie (2) !
Enfin, notre héros qu'on semblait renier,
Luttait avec la faim dans le coin d'un grenier.

(1) En présentant son héros comme un modèle de perfection, l'auteur eût blessé la vraisemblance, il a donc voulu prouver ici que le poète n'était pas plus qu'un autre exempt de faiblesses.

(2) Vers charmant emprunté aux *Adieux* de M. H. de Latouche.

Rigolet ignorait cet excès de détresse,
Versac ne voulait point éprouver sa largesse;
Près de là, notez bien, se trouvait un traiteur
Rival de *Beauvilliers* (1); à chaque instant l'odeur
Qu'exhalaient le homard et la fine poularde,
Semble exciter encor la faim qui le poignarde....
« Là si j'osais, dit-il, je porterais mes pas.....
« Non, non, je n'irai point mendier un repas,
« Ce serait dégrader ma qualité d'artiste;
« Corbleu! je suis sans pain, mon état est bien triste;
« Mais tel que Malfilàtre, affrontons les revers,
« Sachons narguer la faim en murmurant des vers.»
Cette faim dévorant un reste d'énergie,
Son luth pouvait-il rendre un son mélodieux?
Versac allait pourtant produire une élégie,
Prostituer peut-être un genre aimé des dieux,
Lorsqu'au même moment (c'était la Providence
Qui sur lui répandait la corne d'abondance),
Mon héros est témoin d'un combat violent...
Vingt chats se disputaient un repas succulent!
A mordre, à déchirer, chaque assaillant s'acharne,
Postés dans la gouttière en face sa lucarne
Il voit ces maraudeurs, tombant sur un pigeon,
Harcelant la moitié d'un superbe esturgeon,

(1) Fameux restaurateur du temps.

Gaspillant les trois quarts d'un pâté de *Lesage*,
Nul ne voulait céder.... Ravivant son courage,
Versac s'arme soudain d'un énorme bâton
Et disperse en frappant ce bruyant bataillon.
Les morceaux les plus gros étaient restés sur place,
Il fallait les saisir, mais ce point l'embarrasse;
Une étroite ouverture empêchait mons Versac
D'aller à l'instant même emplir son havresac;
Il étendait le bras, impossible d'atteindre :
Ce moderne Tantale était vraiment à peindre.
Bientôt avec sa tête il veut passer son corps,
Il se courbe, il s'alonge, et fait de tels efforts
Qu'il parvient à franchir sa lucarne étranglée...
Quand il happa ces mets il n'avait pas l'onglée;
Mais le restaurateur pour poursuivre *Raton*,
Mus, *Rominagrobis* et tout le bataillon
Avait déjà requis ses aides de cuisine....
Ceux-ci venus trop tard croyaient peu, j'imagine,
Trouver là mon héros à lui seul attaquant
Les débris de l'office épars dans la gouttière....
Bien qu'il eût dénoncé toute *la gent chatière*,
Le malheureux Versac pris pour le délinquant
Se vit forcé d'entrer dans une *souricière*,
Ou si vous aimez mieux dans un noir phaéton,
Traîné par deux normands que discrète police
Fait trotter jour et nuit pour hâter son service.

— Et le pauvre poète où le conduisait-on ?

— Ce nourrisson du Pinde, en attendant justice,

Côte à côte d'un gueux, d'un escroc de bon ton,

S'en allait digérer son repas en prison.

II.

Post multos una serena dies.
(Tibulle, lib. 3.)

Un jour le souci qui te ronge
En un doux repos transformé,
Ne sera plus pour toi qu'un songe
Que le réveil aura calmé.

(J B. Rousseau.)

Assez souvent malheur est bon à quelque chose ,

Le proverbe le dit, le proverbe a-t-il tort ?

J'ai la preuve contraire, ici je la dépose :

De mon héros chacun daigna plaindre le sort....

Qui n'eût point déploré cet acte d'infamie ?

Le menaçant du poing, les femmes du quartier

Criaient, vociféraient : « à l'eau, vieux gargottier ! »

A Versac on voulait tendre une main amie ;

Mais pour paralyser ces généreux efforts

Gendarmes et mouchards obstruaient les abords (1).

Tous les journaux de grande et moyenne stature

---

(1) Une scène à peu près semblable a eu lieu en 1827, chez un traiteur de la rue du Rocher.

Contèrent longuement cette mésaventure;
Versac acquit dès lors de la célébrité,
Comme habile écrivain partout il fut cité.
Un grand spéculateur, mettant tout en pratique,
Voulait qu'il rédigeât sa feuille politique;
Mais comme il eût fallu flatter certain parti
Et faire un mariage assez mal assorti;
Loin de lui mon héros rejeta la supplique,
Acte que je me plais à consigner ici (1).
Tous les *marchands d'esprit* qu'on appelle libraires,
S'arrachèrent, dit-on, ses bribes littéraires;
Et par le juge enfin remis en liberté,
Il vola cousu d'or... — à l'immortalité?
— Non; mais la tête haute, et la démarche altière
Versac, homme d'honneur, rejoignait son quartier
Pour payer *le repas* qu'il fit *dans la gouttière*,
Et terminer son compte avec le vieux portier.

---

(1) Souvent une plume suffit pour faire pencher la balance : aussi
combien a-t-on vu de gens suivre à la lettre cette maxime d'Horace :

O *cives, cives quærenda pecunia primum est,*
Virtus post nummos.

Maxime que Boileau a traduite ainsi :

L'argent, l'argent dit-on, sans lui tout est stérile;
La vertu sans argent est un meuble inutile.

LE DISCIPLE DE PINDARE

ou

LE FOLLICULAIRE PRIS AU PIÉGE.

Quid non mortalia pectora cogis
Auri sacra fames !

(VIRG. OEneid, 3.)

Avide faim de l'or qui ronge les humains,
De combien de forfaits as-tu souillé leurs mains !

(SEGRAIS.)

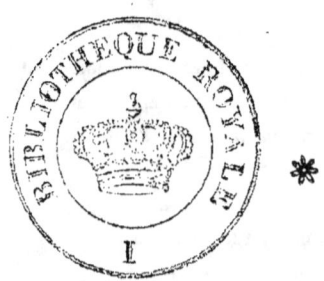

Le Folliculaire pris au piège n'est point une satire *ad hominem ;* mais bien un type de convention, résumant à lui seul tous les *forbans de la presse.* S'il nous a plu d'assigner des limites à notre muse, nous n'en signalerons pas moins en passant la plus choquante anomalie. Sans les assimiler aux folliculaires qui nous ont servi de point de mire, nous demanderons ce qu'on doit attendre de gens qui se trouvent à la fois *romanciers, dramaturges, vaudevillistes* et *journalistes.* Ces modernes aristarques, ces protées littéraires, comment accueilleront-ils les auteurs étrangers à toute espèce de coterie? Ne seront-ils pas tentés de leur jeter à la face cet adage proverbial :

« *Nul n'aura de l'esprit hors nous et nos amis?* »

Si les rôles étaient sagement distribués, si chacun avait le bon esprit de s'en tenir à son emploi, les compétiteurs n'auraient point à redouter un pareil état de choses. Cependant nous reconnaissons qu'au milieu de ce déplorable conflit, il existe des critiques profondément pénétrés de leur mission, à ceux-là, pour qui cette mission est un vrai sacerdoce, nous rappellerons ces vers de M. Lachambeaudie.

« Combien de parias que la honte accompagne
» Sur le roc du malheur, rameaux abandonnés
» A végéter sans fruit, semblent prédestinés !
» Loin de les condamner au vent de l'anathème,
» De la manne des arts qui pleut sur vos élus,
» Riches, versez sur eux l'ineffable baptême;
» Cultivez-les, vos soins ne seront pas perdus. »

ERRATA.

Page 146 au lieu de : *je m'attends à leur dire,* lisez : *je m'attends à leur ire.*
Page 149 au lieu de : *s'avançait à,* lisez : *s'avançait et bon train.*

I

LE RENÉGAT.

Quantum mutatus ab illo.
(VIRG.)

Critique impartial, esprit de bon aloi,
Dont les arrêts pour tous avaient force de loi,
Tu n'es plus qu'un vieux brick, sans voiles, sans mâture,
Les rats à fond de cale en feront leur pâture *.
Par un jour de tourmente, au milieu des récifs,
On vit tes matelots tout mornes, tout pensifs
Délaisser la manœuvre... et maints troupeaux d'esclaves
Se sont le lendemain, rués sur les épaves!... **
Arcas, un des premiers, a déserté ton bord,
Et mis la barque à flot pour regagner le port;
S'il explore aujourd'hui l'océan littéraire,
C'est sans *lettres de marque*... Arcas s'est fait corsaire !

———————

* Si notre muse se montre un peu trop exclusive, la déclaration qui
précède, tiendra lieu de correctif.

** Ces vers font allusion à la lutte engagée naguère entre les classiques
et les romantiques, lutte dans laquelle ces derniers ont triomphé. Ils
avaient alors des bandes organisées et toujours prêtes à *éreinter* ceux qui
se seraient avisés d'émettre une opinion opposée à celle de leurs chefs.
La réaction, qui depuis s'est opérée, nous permet d'espérer qu'à l'aide de
quelques concessions, en harmonie avec les exigences du siècle, *les sages*
finiront par l'emporter sur *les fous.*

II

TEL MAITRE, TEL VALET.

« D'élastiques plastrons couvrent leur conscience. »
(P. LACHAMBEAUDIE.)

ARCAS (interpellant son secrétaire.)

Ah ! c'est vous, Chicandard ?

LE SECRETAIRE.

Je rentre harassé !

Rien de plus fatigant que de faire la place...

ARCAS.

Vous en serez, mon cher, plus tard récompensé ;...
Les rebelles ont-ils cédé de guerre lasse ?

LE SECRETAIRE.

Il en est qui n'ont pas voulu capituler...

ARCAS.

Vous les nommez ?...

LE SECRETAIRE.

Bleuton, Albinos et Fonrouge.

ARCAS.

Demain, sur ce trio, je tire à boulet rouge.

LE SECRETAIRE.

Au nombre des acteurs que je viens d'enrôler,
Se trouvent Philibert, Stéphanos et Legendre.

ARCAS.

Ces braves gens, mon cher, ne doivent point attendre,
Et bien que leur talent se réduise à zéro,

Vous en rendrez bon compte au prochain numéro,
Quant aux récalcitrants, je saurai les soumettre...
A Junie, en passant, vous remîtes ma lettre?

LE SECRETAIRE.

C'est chez elle d'abord que je me suis rendu.

ARCAS.

L'écrit était pressant; qu'a–t-elle répondu?

LE SECRETAIRE.

La *vestale* veut bien *payer de sa personne*,
Vous rendre heureux enfin, mais quant à ce qui sonne...

ARCAS.

Ses faveurs ont leur prix, nous nous en tiendrons-là.

LE SECRETAIRE.

Son amant qui sans doute ignore tout cela,
Doit vous expédier un panier de champagne ,
Du Volnay, du Sauterne et quelques vins d'Espagne.

ARCAS.

Nous ne l'avertirons qu'en cas d'événement...
Notre *tenor* maintient son triple abonnement?

LE SECRETAIRE.

Espérant en Russie amasser force rouble,
Il voudrait avec nous jouer à quitte ou double.

ARCAS.

Dans un *entre-filet* arrangé proprement
Et tout en exaltant ce chanteur émérite,
Vous le supposerez atteint d'une gastrite
Ou d'une affection menaçant le larynx.
Lui, sans précisément avoir des yeux de lynx,

Verra clair à la chose, et maintiendra sa cote...
Notre duègne?

LE SECRETAIRE.

En scène elle paraît si peu
Qu'elle a du s'abstenir...

ARCAS.

Au fait, c'est une sotte
Qui ne mérite pas qu'on critique son jeu...
Ce marchand qui parfois usait de la réclame,
Bouderait-il?

LE SECRETAIRE.

Cet homme a juré sur son âme
De ne plus employer un semblable moyen.

ARCAS.

Pourquoi cela?...

LE SECRETAIRE.

Suivant ce brave citoyen,
La réclame a perdu sa puissance magique.

ARCAS.

C'est ainsi qu'il raisonne? il s'en repentira:
Demain vous le direz parti pour la Belgique...
Par une nuit très sombre...et chacun comprendra..
Ce jeune tragédien qui vient de l'Angleterre,
Sans doute à notre feuille a souscrit largement?

LE SECRETAIRE.

Il a refusé net, disant insolemment
Qu'il n'avait pas besoin de votre ministère
Pour se concilier l'estime du parterre.

ARCAS.

En tête du journal, c'est à moi de crosser
Ce nouveau *Roscius*. — Vous m'y ferez penser ?
A propos, Alphonsine est-elle décidée
A payer son tribut ?

LE SECRETAIRE.

C'est encore douteux.

ARCAS.

Dites aux *faits Paris* qu'Alphonsine est ridée,
Que du premier balcon, la chose saute aux yeux.
Sauf à vous démentir plus tard.

LE SECRETAIRE.

Parti fort sage !
La belle en attendant va griffer mon visage
Ou me faire écharper par son tenant...

ARCAS.

Peureux !
Et la fière sylphide ?

LE SECRETAIRE.

Elle doit dans sa loge
Vous remettre ce soir un diamant de prix.

ARCAS.

N'ayant pu parvenir à remuer Paris,
Sur le tard, la drolesse, achète son éloge ;
Mais comme il faut savoir reconnaître un bienfait,
Vous anéantirez l'article déjà fait...

.   .   .   .

III.

UN AUTEUR QUI S'EST TROMPÉ DE PORTE.

Odi profanum vulgus et arceo.
(HORAT. lib. 3, od. 1.)

Que j'ai toujours haï les pensers du vulgaire !
Qu'il me semble profane, injuste, téméraire !
(LAFONT., liv. 8, tab. 26.)

Arcas parlait encor, quand à lui se présente
Un jeune homme timide, à la marche pesante
Et vêtu simplement ; c'était un pauvre auteur
Qui, pour ses nouveaux nés réclamait un tuteur...
Arcas, en le toisant, brusquement l'interroge...
« Viendriez-vous ici mendier un éloge ?

L'AUTEUR.

»Dieu m'en garde, monsieur, *aimez*, nous dit Boileau,
»*Aimez qu'on vous conseille et non pas qu'on vous loue*

ARCAS.

» Aujourd'hui le classique est traîné dans la boue,
» Et la saine critique est chez nous à vau-l'eau.
» Moi, déjà vieux barbon, je fais comme les autres,
» Je donne de l'encens à ceux qui sont des nôtres :
» Vous vous nommez ?

L'AUTEUR.

Jean-Paul-Alfred Legatellier.

ARCAS.

» Eh! comment voulez-vous, mon cher, qu'on vous accueille
» Vous n'avez point encor souscrit à notre feuille ?
» C'est un point qu'un auteur ne doit pas oublier.

L'AUTEUR.

» Je le voudrais monsieur; mais où trouver la somme?

ARCAS.

» Un triple abonnement n'est pas la mort d'un homme

L'AUTEUR (étonné.)

» Un triple abonnement ?

ARCAS.

Montrez-vous résigné ;
» A ce prix vous aurez un article soigné.

L'AUTEUR (à lui-même.)

» Décidément, mon cher, tu t'es trompé de porte,
» Tu devais avant tout t'informer... peu m'importe ;
» Cet homme, quel qu'il soit, je saurai le fléchir.

ARCAS.

» Eh bien ! notre traité vous force à réfléchir?
» Vous mettant sur le pied d'un danseur émérite,
» C'est vous assimiler à l'homme de mérite...

L'AUTEUR.

» Sachez que je suis fils d'un pauvre jardinier,
» Comme lui tous les jours je cultive la terre.

ARCAS.

» Eh! comment vous osez, vous simple prolétaire...?

L'AUTEUR.

» A l'instar de Rousseau devais-je renier

» Mon origine ? *

ARCAS.

Non ; mais notre ministère

» A cette heure se paye et ne se donne point :

» En partant, mon ami, retenez bien ce point.

L'AUTEUR.

» Au lieu de m'éconduire, écoutez-moi, par grâces !

ARCAS (refusant le manuscrit que l'auteur lui présente.)

» J'ai déjà sur ma table assez de paperasses...

L'AUTEUR.

» Lisez, monsieur, ces vers, ils font tout mon espoir.

ARCAS (prenant le manuscrit.)

» Je suis presque certain qu'ils sentent *le terroir*.

LE SECRÉTAIRE (d'un ton moqueur).

» Mon maître, que sait-on ? c'est peut-être un *fruit rare ?*

ARCAS.

» Ce bon mot vaut le mien,

---

* Jean-Baptiste Rousseau, ce poète admirable, qui devait le jour à un cordonnier, aurait eu la faiblesse de désavouer son père ; mais ce n'est pas pour rappeler ce fait au lecteur, qu'il nous a plu de placer notre héros dans la classe populaire ; nous nous sommes seulement dit, qu'il surgissait parfois de cette classe des hommes, dont le génie savait tout anoblir, témoins le poète que nous venons de citer, maître Adam, le menuisier de Nevers, et Reboul, le boulanger de Nîmes. Cependant, on voudra bien ne pas considérer notre œuvre comme une prime d'encouragement offerte aux ouvriers métromanes qui pullulent de nos jours. A ceux-là nous dirons : « *Ne déballez point vos marchandises*, laissez-les moisir dans un coin de l'atelier, la poésie donne rarement le pain quotidien, songez à vos femmes, songez à vos enfants. »

L'AUTEUR.

Ah! trève de mépris.

ARCAS.

» Fort agréablement je vais être surpris,

(Après avoir jeté les yeux sur l'ouvrage.)

» Quoi! vous vous êtes fait *disciple de Pindare?*

(Se tournant du côté de son secrétaire en riant aux éclats.)

» C'est une ode... aujourd'hui conçois-tu chicandard

» Qu'on veuille du classique arborer l'étendard?

LE SECRETAIRE.

»Une ode?

ARCAS.

Oui, c'est là le *fruit* qu'il veut qu'on goûte !

LE SECRETAIRE.

» Il se perd en chemin, l'innocent ne voit goutte...

ARCAS (à l'auteur).

» L'ode est un genre usé, le public n'en veut plus,

» C'est s'épuiser, mon cher, en efforts superflus. »

Lisant un ou deux vers, d'un ton de suffisance

Arcas ose accuser mon héros d'impuissance.

« Quel style, ajoute-t-il, quel style entortillé,

» Filandreux, empâté !

LE SECRETAIRE.

Hélas! du pauvre sire

» Le pégase n'est pas tous les jours étrillé.

L'AUTEUR (avec dignité).

» Depuis quand juge-t-on une œuvre sans la lire* ?

---

* Vers qui rappelle ce mot du président de Baugé : « Huissier faites donc faire silence, nous avons déjà jugé dix causes sans les entendre. »

ARCAS.

» Vous n'avez jamais su manier une lyre,

» Laissez à d'autres mains l'instrument d'Erato,

» Et reprenez, mon cher, *la bêche et le rateau.*

L'AUTEUR.

» L'aiglon rase longtemps la plaine sublunaire

» Avant de s'élever jusqu'au Dieu du tonnerre,

» L'aigle vient-il encore lui prêter son appui.

ARCAS.

» Bah ! pour vous illustrer comptez donc sur autrui.

L'AUTEUR.

» Si quelque *Mecœnas* refusant son égide,

» Vous eut laissé marcher sans lumière et sans guide,

» Peut-être encor, monsieur, malgré vos cheveux blancs,

» Vous verrait-on dans l'ombre exercer vos talents ?

ARCAS (rendant le manuscrit).

» Jeune homme il se fait tard, remportez votre ouvrage

» Et ne revenez plus mendier mon suffrage. »

Mon héros, jusqu'alors plein de timidité,

Comme tout être humain qui sent sa dignité,

Avait, parlant ainsi, fait acte de courage !

Éconduit lâchement, il eut le bon esprit

De refouler sa haine et cacher son dépit.

✳

IV.

LE LOUP PRIS AU PIÈGE.

Qui fraude agit jure ipse fraude fallitur.
(FAERNE, lib. 5, fab. 8.)

.... C'est double plaisir de tromper le trompeur.
(LA FONTAINE, liv. II, fable 15.)

Alfred, qui dévora le plus sanglant outrage,
Allait, chemin faisant, lacérer son ouvrage,
« Mais non, dit-il, bientôt sachons te ménager
» Aux yeux de cet Arcas, sois une œuvre sublime
» Ou sois son désespoir !... dure comme la lime,
» Ris de ses vains efforts s'il cherche à te ronger. »
Le projet qu'il formait n'était pas sans danger,
Déguisant les deux vers sur lesquels la censure
S'efforça par pitié d'imprimer sa morsure,
Mon héros prend le nom d'un poète en crédit;
Et d'un titre excentrique affuble son écrit....
Après avoir ainsi disposé ce bagage
Il court chez l'imprimeur, et celui-ci s'engage
A servir son projet.... De payer largement
Alfred de son côté prenait l'engagement,
Ayant à ses amis emprunté des espèces
Il se trouvait en fonds pour remplir ses promesses,

Et soudain au doux son du métal argentin
Il voit l'industriel exploiter son butin...
Là le compositeur se cramponne à la casse,
Le bronze sous ses doigts avec ordre s'amasse,
Un robuste ouvrier, la bedaine en avant
Et le bras allongé, tourmente l'instrument.
Bientôt, aux cris aigus arrachés à la presse,
Une brocheuse accourt, s'empare avec adresse
De la feuille encor molle, en quatre la pliant
La livre sous sa bande à l'auteur suppliant,
Ce dernier s'en saisit, simule un griffonnage
Et vous campe une adresse au nom du personnage.
Au gré de ses désirs le paquet étant prêt,
Mon héros expédie un messager discret.
Enfin aux mains d'Arcas la brochure est remise,
— Celui-ci sera-t-il dupe d'une méprise?
—Pourquoi pas?—Mon héros arrive à point nommé,
Arcas en ce moment, sous un lustre enflammé
Rival du plus beau jour, de son haleine impure
Sans relâche échauffait cette humide brochure.
Alfred fort à propos s'est, disais-je, introduit;
« Qui va là? dit Arcas, en entendant du bruit.
» Pardon si je reviens.-C'est encor vous jeune homme?
» Je ne veux pourtant pas qu'à toute heure on m'assomme
» N'ai-je sur votre ouvrage émis mon sentiment?
» Je me suis, Dieu le sait, expliqué franchement.

»—Mais ce sont d'autres vers que je viens vous soumettre
»Sans vanité, monsieur, c'est un vrai coup de maître.
» En fronçant le sourcil vous semblez en douter?
» — Eh! monsieur, je ne puis céans vous écouter.
»—Montrez-vous complaisant.—Mon temps est pris vous dis-je,
» Ne me voyez-vous pas occupé d'un prodige?
»—D'un prodige? Ah! j'y suis, l'auteur probablement
» A pris à votre feuille un triple abonnement?
» Il est juste... — Qu'il soit ou non ma créature
» Il n'honore pas moins notre littérature.
» —Vous croyez?—Brillantin transporte par ses vers,
» Depuis longtemps sa muse étonne l'univers!
» Tenez, pour vous confondre, écoutez ce passage
» Et dès-lors embrassez le parti le plus sage,
» Celui de renoncer à complaire aux neuf sœurs,
» Vous n'êtes point d'étoffe à gagner leurs faveurs. »
Alfred écoute; Arcas déclame avec emphase,
Commente, approfondit et tombe dans l'extase!
« Que c'est beau, disait-il, que ce vers est coulant!
» Partout on voit empreint le cachet du talent!
» Quelle fraîcheur de style! Arcas, non de ta vie,
» Tu ne vis rien qui dut autant piquer l'envie!...»
Alfred riait sous cape, et, narguant le barbon,
Disait à chaque éloge : Ah! vous êtes bien bon!
Ennuyé du refrain : « Vous semblez vous distraire,
» Réplique maître Arcas.—Je fais tout le contraire,

» Je vous dis grand merci, d'oser ainsi vanter
» Des vers que ce matin on vous vit rejeter...
»—Qu'entends-je, dit Arcas bondissant sur son siége,...
» —Vous me faites l'effet d'un vieux loup pris au piége.
» —Insolent! — Modérez ce superbe courroux.
» —Savez-vous bien, monsieur, ce qu'on gagne avec nous?
» —D'un ignoble pamphlet sans doute on me menace?
» J'aurai le soin d'en dire un mot dans ma préface?
» —Voudriez-vous lutter, monsieur l'*horticulteur?*
» J'ai la massue en main pour assommer l'auteur...
» —*Les gens que vous tuez se portent à merveille**.
»Et ce *fruit* qu'on voudrait flétrir dans sa *primeur*
» N'en mûrira pas moins. Je cours chez l'imprimeur
» Corriger ma préface...Adieu donc assommeur!...»
N'ayant point oublié la scène de la veille,
Dominé par la rage, Arcas le lendemain,
Sur la feuille imprimée épancha son venin,
Sa critique hargneuse, absurde, sans portée,
Ne tourna qu'à sa honte, et chacun en effet,
S'empressa d'accueillir une muse insultée...
Puissé-je, cher lecteur, en consignant ce fait
Empêcher le retour du plus honteux forfait!

* Phrase consacrée.

LA
SOMMITÉ LITTÉRAIRE.

Parturient montes nascetur ridiculus mus.

(Hor.)

Une montagne en mal d'enfant
Jetait une clameur si haute,
Que chacun, au bruit accourant,
Crut qu'elle accoucherait, sans faute,
D'une cité plus grande que Paris :
Elle accoucha d'une souris.

(Lafontaine.)

❋

Cette nouvelle satire ne s'adresse à personne en particulier : loin de nous encore la pensée de ravaler la gloire des célébrités contemporaines. Si leur poétique ne réunit pas toutes nos sympathies, nous avons plus d'une fois admiré le talent qui les caractérise; mais ce talent n'impose pas tellement à notre muse, qu'il lui soit défendu de vouer au ridicule le titre prétentieux dont on gratifie ces écrivains, titre inventé par le charlatanisme et contre lequel aucun d'eux n'a protesté ; protestation que n'eussent pas manqué de formuler, en termes énergiques, Corneille, Molière, Racine, Lafontaine et Boileau, si quelque flatteur mal avisé eut employé ce titre à leur égard; titre d'autant plus étrange que l'entrepreneur cupide l'applique également à la médiocrité. Sur le fronton d'un frêle édifice, auquel l'élite des travailleurs est censée avoir apporté son assise, nous voyons, en effet, figurer comme *sommités littéraires* de *simples arrangeurs*, hommes laborieux, hommes intelligents sans contredit ; mais qui descendus de leur piédestal, regagneraient en estime, en considération ce qu'ils auraient perdu en hauteur.

Nous ne sachions pas qu'on ait déjà cherché à réduire au néant une absurde qualification, nous qui voulons rester indépendant, devions-nous hésiter à prendre l'initiative sur ce point? Là, cependant, ne se borne pas notre tâche : elle a aussi pour but de démasquer l'intrigue, de révéler les abus qui se glissent journellement dans les coulisses au détriment de l'art. Conçoit-on cette prédilection marquée envers les uns et l'espèce d'*ostracisme* qu'on fait peser sur les autres? opposera-t-on à ceux-ci ce redoutable axiome :

Non licet omnibus adire corynthum?

Dans un siècle où le tribun demande hautement la liberté pour tous, cet hexamètre présenterait un contresens. L'homme de lettres ne doit pas frapper vainement à la porte d'un théâtre. Là se trouve un concierge chargé de tirer le cordon, là se trouve un directeur *privilégié*, et comme tel, obligé de recevoir honnêtement l'auteur quel qu'il soit; là, enfin, se trouve un comité de lecture institué pour juger l'œuvre, la refuser ou l'admettre.

Telle est la thèse que nous avons développée sous une forme plaisante: *corriger en riant* est le plus sûr moyen d'arriver à son but.

I

UNE IDÉE CONTROVERSÉE.

« Voilà de vos arrêts Messieurs les gens de goût,
» L'ouvrage est peu de chose et le nom seul fait tout. »

(DESTOUCHES. *Le Glorieux*.)

Un nommé Gorgoni, soi-disant directeur
D'un théâtre jadis exploité par *Bobèche* (1),
Et qui loin d'imiter cet *humble* (2) bateleur,
Sur les planches parfois tranchait du dictateur,
Un jour ne sachant plus de quel bois faire flèche,
Allait à contre cœur déposer son bilan......
Bientôt changeant d'avis, il trace un nouveau plan.
» Parbleu ! dit Gorgoni, depuis quelques années
» Mes pièces ne sont pas de succès couronnées,
» Et c'est chez le voisin que le public accourt;
» La chose se conçoit, mes *faiseurs* sont à court.
  » A l'instar de plus d'un confrère,
» Je pourrais m'affranchir de droits exorbitants,
» En charpentant moi-même un drame *sanguinaire;*

(1) Le lieu où la scène se passe est purement imaginaire.

(2) L'épithète dont l'auteur gratifie *Bobèche* peut être contestée : appelé à donner des représentations à Tivoli, ce paradiste ne manquait pas de prendre le titre ambitieux de *premier bouffon du gouvernement*, titre que, de son temps, certains hommes en place eussent pu revendiquer.

» Que faut-il pour cela ? deux heures de son temps,

  » Puis un talent fort ordinaire ;

  » Mais non, sans moi Paris

  » A bien assez de beaux esprits....

» Je ne vois donc enfin pour me sortir d'affaire

  » Qu'une *sommité littéraire !*

  » Son drame quel qu'il soit, ·

» Ici les yeux fermés, Gorgoni le reçoit. »

Très bon raisonnement ! l'ouvrage au bout du compte.

» *L'ouvrage est peu de chose et le nom seul fait tout,*

» *Voilà de vos arrêts, messieurs les gens de goût.*

Si malheureusement, il survient un mécompte,

» *La faute,* direz-vous, *la faute en est aux Dieux.* »

  Les Dieux sont si capricieux !

Mais avant d'en venir à ce moyen extrême,

  Gorgoni fit mander Saint-Preux :

C'était son régisseur, homme au visage blême

  Agé de soixante ans,

Pilote très habile, et qui par un gros temps,

Dans sa barque vingt fois sut conjurer l'orage.

Quand il eut à cet homme exposé son projet,

—» Eh bien ! dit-il, mon vieux, austère personnage,

» Réponds : qu'en penses-tu ?

   SAINT-PREUX (avec hésitation).

      Moi qui vous sais sujet

A des emportements....

GORGONI.

J'ai l'humeur irascible

Par instants... aujourd'hui, je suis fort accessible.

SAINT-PREUX.

Puisque vous promettez de ne point prendre feu,

Je vous dirai, monsieur, que vous jouez gros jeu :

Ces *hautes sommités* sont des gens magnifiques,

Qui n'en vendent pas moins chèrement leurs reliques.

Ils vous imposeront leur titre d'écrivain,

En exigeant d'abord un léger pot de vin ;

Mille écus par exemple et qu'il faudra sur l'heure

En bons deniers comptants verser en leur demeure ;

Et puis, durant trois jours, ils retiendront pour eux

Les trois quarts de la salle.

GORGONI.

Etes-vous fou, Saint-Preux ?

SAINT-PREUX.

Non que diable ! ils voudront loger leur camarades

Qui certes sont nombreux,

Non compris les malades,

Gens qui se disent tels pour n'être pas contraints

A se laisser briser les côtes ou les reins,

Au moment d'*enlever* la pièce,

Pièce de gros calibre et d'une étrange espèce,

Qui pour un régisseur est un bien lourd fardeau ;

Ah ! rien que d'y songer, ma chemise est en eau...!

GORGONI.

Préjugé !

SAINT-PREUX.

Préjugé ? Voyant de près la chose
Je sais fort bien, monsieur, qu'au fond tout n'est pas rose.

GORGONI.

Prévention, vous dis-je.....

SAINT-PREUX.

Eh ! non mille fois non.....
Comptant sur son mérite, encor plus sur son nom,
Votre homme avant d'avoir composé les paroles,
Va vouloir aux acteurs distribuer les rôles ;
Et demain on dira que notre comité
A reçu son ouvrage *à l'unanimité*,
Par acclamation! Autant de balivernes,
Qu'insèrent aux journaux nos écrivains modernes ;
« *Mais qu'en sort-il souvent?*

(Du vent.)

Tout bien considéré, je pense, mon cher maître,
Qu'il faut envoyer paître
Notre futur grand homme.

GORGONI.

Est-ce ton dernier mot ?

SAINT-PREUX.

Non pas précisément.

GORGONI.

Acheves donc, grimaud.

SAINT-PREUX.

Là git dans vos cartons plus d'une œuvre encor vierge?

GORGONI.

Mon cher, tout ce fretin regarde mon concierge;
A quoi bon se gêner envers les débutants ?

SAINT-PREUX.

Oh ! si l'autre à juger consacre ses instants,
Nous concevons qu'il laisse, outre un escalier sale,
Des toiles d'araignée au plafond de la salle,
Des fauteuils qui jamais ne sont époussetés.....

GORGONI.

Vous vous étendez là sur des futilités.

SAINT-PREUX (tirant de sa poche un rouleau de papier).

Eh ! bien moi, qui ne suis ni censeur ni concierge,
J'ai pris la liberté de lire une œuvre vierge;
Ayant jugé ce drame en vrai praticien,
Je crains peu d'affirmer.....

GORGONI.

Mon cher, triste moyen :
Remettez sur le champ l'œuvre dans votre poche.

SAINT-PREUX.

Mais, monsieur, cependant.....

GORGONI.

L'heure critique approche;
Faites ce que j'exige.....

SAINT-PREUX.

En corps, probablement,
Nos acteurs vont aller supplier humblement.....?

GORGONI.

C'est peut-être un peu loin pousser la déférence;
Mais nous devons céder à la nécessité.

SAINT-PREUX.

A qui donner la préférence?
Paris, cette vaste cité,
Renferme dans son sein plus d'une *sommité*;
Encor faut-il choisir.

GORGONI (s'éloignant).

A vous je m'en rapporte:
Quelque soit votre choix, soudain j'ouvre ma porte.

SAINT-PREUX (resté seul).

Il donne carte blanche à son vieux régisseur;
Mais bien que je sois connaisseur,
Du diable si céans j'amène un homme habile.
Je ne vois pas pourquoi, tel qu'un pauvre imbécile,
J'irais prier *Emim, Ghibborim, ob Enak*, (*)
D'ensemencer son champ, quand au fond de mon sac
Repose une graine excellente,
Qui n'attend pour germer qu'un rayon de soleil.
Pour qu'il la trouve succulente,
En place de froment, apportons du méteil.

(*) Noms de géants empruntés à l'Écriture: ce n'est là qu'un caprice de notre muse. S'il s'agissait de prouver que ces *fils de la terre* ont laissé en France des descendants nous serions fort embarrassé.

II.

LA DÉPUTATION ARTISTIQUE.

« Chacun fut de l'avis de monsieur le doyen. »

(LAFONTAINE. *Le Conseil tenu par les rats.*)

Les acteurs réunis, le régisseur en tête,
　　Tous en habit de fête,
Se rendent chez messire Omer de Beaugenci,
Piètre auteur qu'à dessein Saint-Preux avait choisi,
　　Littérateur indigne,
　　Un *pic* à tant la ligne....
　　Il n'était pas d'homme plus vain
　　Que ce médiocre écrivain....
　　Arrivés à sa porte
　　Les acteurs font en sorte,
　　De ne point paraître empruntés
　　Devant une des *sommités*
Dont se glorifiait l'immense capitale !
C'est ainsi que Saint-Preux d'humeur très joviale,
　　Pour s'amuser à leurs dépens,
Leur avait désigné ce prétendu grand homme;
Et qu'il faisait encor passer pour gentilhomme.
　　Un moment en suspens,
C'est à qui saisira le cordon de sonnette,

«Que ne vous faisiez-vous précéder d'un trompette?»
Alors disait Saint-Preux à la troupe inquiète,
« Jouant une fanfare en montant l'escalier,
 « Cet artiste troupier
 » Vous eut évité cette peine....
» Je vais sonner pour vous ; passez-moi le cordon. »
Et Saint-Preux fit sur l'heure entendre un carillon
Qui rappelait celui de la *Samaritaine.*
Une voix du dedans :—« Hein! qui donc sonne ainsi?
» Comme à la cour, l'usage est de gratter ici.
 » — Aux représentants de la scène
 » Ouvrez la porte s'il vous plaît. »
En grommelant paraît un insolent valet.
« Eh bien, dit celui-ci, quel motif vous amène ?
 » — En corps nous nous rendons ici
» Pour saluer messire Omer de Beaugenci.
»-Mon maître, bonnes gens, repose dans sa chambre,
» Il se lève fort tard, et surtout en décembre ;
» Revenez sur le soir ou faites antichambre.
»-Nous attendrons, mon cher, le jour est encor long.
» — Libre à vous, je retourne achever mon salon. »
(Le valet s'éloigne.)

LE RAISONNEUR.

Si j'en crois le proverbe
 « *Tel maître, tel valet,* »
Nous allons nous trouver en face d'un superbe.

L'AMOUREUX.

Pareil début promet,
Et dans ce vestibule
Pas une bouche de chaleur.

SAINT-PREUX.

J'entends claquer ta mandibule,
Pauvre amoureux transi ! fais comme le *souffleur*,
Céans bats la semelle
Et souffles dans tes doigts.

LE SOUFFLEUR.

Mon brave régisseur, en vérité je crois
Que le diable s'en mêle,
Car plus je souffle, plus je gèle,
Il fait bien moins froid dans mon trou.

LE RAISONNEUR.

Moi je vais me chauffer.

SAINT-PREUX (l'arrêtant).

Raisonneur es-tu fou !

LE RAISONNEUR,

Si cet Omer nous leurre
Ou qu'il faille chez lui faire antichambre une heure,
Je préfère passer ce temps
Près de ma chaste épouse,

SAINT-PREUX.

Dans l'intérêt de tous, moi je te le défends.

LE RAISONNEUR.

Tu sais jusqu'à quel point Herminie est jalouse ?

SAINT-PREUX.

Mon ami, pense donc à tes pauvres enfants,

Veux-tu les laisser sans ressource ?

De cette *sommité* doit jaillir une source

De gloire, de prospérité...!

C'est d'ailleurs pour nous tous une nécessité...

LE CAISSIER.

Oui, car depuis longtemps chez nous les eaux sont basses!

Veuve de capitaux,

Ma caisse peut servir à loger les manteaux.

LE GRIME.

Et moi je fais, messieurs, d'assez laides grimaces

En déhors du métier :

Aujourd'hui sans fortune,

Vais-je gâcher du plâtre et porter du mortier

Pour boucher tous les trous qu'on a faits à la lune ?

J'aime mieux en finir : quand la vie importune,

On passe l'arme à gauche, et l'on s'endort heureux.

SAINT-PREUX.

Tu n'es qu'un fataliste.

LE MACHINISTE.

Puis-je parler aussi, mon bon monsieur St-Preux ?

SAINT-PREUX.

Jean a voix au chapitre, en qualité d'artiste.

LE MACHINISTE.

Vous me flattez. Que suis-je ? un simple machiniste,
Et qui probablement
Va se trouver dans la *débine*,
A moins d'un heureux changement;
Tous les soirs en vain je m'échine
A mettre en mouvement
Le ciel, la mer, la terre, et tout le tremblement.....
Croyez-vous véritablement
Que cet Omer pourra remonter la machine ?

SAINT-PREUX.

Comment ! si je le croi !
Mais une *sommité* pour nous c'est plus qu'un roi.
Pour peu qu'on l'examine,
Là... sous son véritable aspect,
D'admiration, de respect,
On a l'âme saisie.!
C'est ce que Dieu peut être...

LE NIAIS (l'interrompant).

Oh ! oui, si je niais
La chose, j'aurais tort, parole de niais !

SAINT-PREUX.

Au diable l'importun !...

LE NIAIS.

Ma phrase est peu choisie;

Permettez-moi pourtant d'esquisser le tableau
De la *sommité littéraire*.

(S'adressant particulièrement au machiniste.)

Mon cher c'est un oiseau
D'une espèce extraordinaire!
Qui, le jour fend les airs, le soir rase la terre,
Grand ennemi de l'eau;
Et par tempérament, vorace, sanguinaire!
Le brave *Moëssart*, naguère en a tenu
Dans sa grande volière : au dire du bon drille,
Lorsque le ciel est pur, son corps lisse et menu,
Tantôt blanc, tantôt noir, joyeusement fretille,
Et glisse entre les doigts, morgué comme une anguille!
Par un temps orageux... C'est le *Grand Frédéric*
Qui m'a narré le fait : non pas le roi de Prusse,
Mais celui qui sur scène assassine une puce,
Et vient effrontément la montrer au public.....
Or, suivant lui, ce corps se roule,
Puis tout-à-coup se met en boule,
Ni plus ni moins qu'un hérisson...
Voilà pour le physique.
Autre comparaison
Toute métaphysique!
Il s'agit du moral:
C'est, comment te dirai-je? un génie infernal,
Un souffle, un courant d'air, un esprit impalpable;
Un... un... vais-je donc rester coi?

Un... un... je ne sais plus trop quoi;
Mais enfin c'est... un homme, un homme très capable!

SAINT-PREUX.

Pour parler de la sorte il n'était guère urgent
De m'interrompre, ici, je m'en rapporte au *traître*.

LE TRAITRE.

Avec moi cependant convenez, mon cher maître,
Qu'un homme de génie est par fois exigeant ?
    Je ne citerai qu'un exemple :
La scène alors se passait dans un temple,
      Je devais suivant mon emploi
      Assassiner une Vestale;
      Par là mettre en émoi
      Le public encombrant la salle.
      Si nous nous servons d'un poignard
      Pour commettre le crime,
A l'aide d'un ressort agissant avec art,
La lame destinée à frapper la victime,
      Rentre dans le manche soudain ;
Mais espérant produire un effet plus certain,
Furieux comme un dogue échappé de sa niche,
      L'auteur, ce génie inhumain
M'enlève brusquement cet instrument postiche,
      Et d'un stylet arme ma main,
Disant : « qu'en tout et surtout au théâtre,
      « Il fallait être vrai ! »

Moi plus simple qu'un pâtre,
Je cédai ; mais non sans regret !

L'AMOUREUX.

En est-il résulté quelque scène fatale ?

LE TRAITRE.

J'ai blessé la Vestale ,
Rien que cela... c'était ma femme heureusement !
Tout autre qu'elle assurément
M'aurait fait payer cher ce triste dénoûment.
Ah ! quand j'y songe encor, j'en ai la chair de poule !

SAINT-PREUX.

Eh ! mon cher, dans le même moule
Omer de Beaugency n'a point été coulé ;
Chacun cite de lui des traits de bienfaisance...
En mainte circonstance,
On le vit relever avec magnificence
Plus d'un édifice écroulé
Sublime effet de sa puissance !

LE CAISSIER.

Or, si nous pouvons l'amener
A travailler pour notre scène,
L'eau revient au moulin et le meunier engrène ?

SAINT-PREUX.

Oui, mais pour le gagner,
Et ne point échauffer sa bile,
Il faut un beau diseur, un orateur habile.

III

UN BON ORATEUR,

S'IL VOUS PLAIT.

> » Monseigneur, il faut donc qu'en ces lieux je m'immole ?
> (Silvius : Physiologie du poète.)

Dans ce siècle penseur, par trop *collet monté*
    L'homme à bonnes fortunes,
A perdu son prestige et sa fatuité ;
    C'est un cavalier démonté
Que remplace aujourd'hui le *phraseur de tribunes,*
Souvent maigre d'esprit et gros de vanité.
Nous avons des tribuns jusques *à la Parlote,* (*)
Tribuns qui tout du moins ont leur virginité,
Tribuns pleins de candeur, pleins de sincérité. —
    Là plus d'un polyglotte,
Négligeant un moment son grec et son latin,

(*) C'est ainsi qu'on appelle le *cercle du quai d'Orçay* ; là comme à la Chambre des députés les lignes sont tracées ; on distingue *une extrême droite, une extrême gauche, un centre droit, un centre gauche,* puis *un juste-milieu.* Là des imberbes présentent et discutent gravement des projets de lois votés par *assis et levé* voire même *au scrutin* ; dans cette pépinière de tribuns, il ne manque réellement que *des ministres responsables.* Raillerie à part, semblable réunion a son côté sérieux ; elle soulève une question d'avenir qui mérite d'être étudiée.

Prononce un discours politique,

Jonché de fleurs de rhétorique,

Lit de fleurs sur lequel repose le scrutin.

Un Jour, de cette arène

Sortira-t-il un Démosthène ?

J'attends, pour m'exprimer de manière certaine,

Que la barbe ait couvert tous ces jeunes mentons,(*)

Le temps, l'expérience, engendrent des catons...

Mais je retourne à mes moutons :

S'enquérant près des siens, d'un orateur habile,

Notre vieux régisseur

Savait bien qu'il prenait une peine inutile ;

Saint-Preux rusé farceur

Et conséquent avec lui-même,

Sur la plaisanterie avait basé son thème ;

Puis comme tous les gens prudents

Il riait en dedans...

Singeant le bon apôtre,

Allant de l'un à l'autre,

Il priait, suppliait, ou plutôt harcelait

Le tripot artistique,

Disant d'un air semi caustique :

(*) L'un d'eux nous abordant un jour s'écria naïvement : « *Ah ! mon cher, félicitez-moi, mon amendement est adopté.* » Si dans une dixaine d'années, cet enthousiaste siégeait à la chambre élective, nous ne pourrions qu'applaudir au choix de ses commettants.

« *Un bon orateur, s'il vous plaît !* »

On eût dit Diogène aidé de sa lanterne,

   Cherchant un homme en plein midi.

Prenant au sérieux semblable baliverne,

   Tout le tripot abasourdi,

   Ne répondait à la requête

   Que par un mouvement de tête ;

   Mais les serrant d'un peu plus près,

   Saint-Preux finit par dire :

»Eh! que diable! messieurs, mettez-vous donc en frais

» Répondez.

L'AMOUREUX.

   Je soupire !

SAINT-PREUX (imitant son ton langoureux).

      Et tout cœur qui soupire

   » *N'a pas ce qu'il désire.* »

» A d'autres...

LE NIAIS (se penchant à l'oreille de Saint-Preux).

   J'attendrai mon tour, vieux goguenard.

LE TRAITRE.

   » Moi, je m'en tiens à mon poignard.

SAINT-PREUX.

   » C'est répondre sans fard.

LE MACHINISTE.

» Moi, donnant le signal d'un *changement à vue,*

   » Je siffle comme un sansonnet ;

» Mais pour ne pas commettre ici quelque bévue,

»Je me contenterai d'opiner du bonnet. —

LE SOUFFLEUR.

» L'office d'orateur supposant du mérite,

» Je me borne à souffler une parole écrite.

LE GRIME.

» Moi, je suis de l'avis d'un poète excellent : —

» *Ne forcez point votre talent,*

» *Vous ne feriez rien avec grâce.*

» Or, je m'en tiens à la grimace.

LE CAISSIER.

» Moi, qui depuis vingt ans aligne des zéros,

» Je suis peu propre, je l'avoue,

» A chanter un héros...

SAINT-PREUX.

» Mais il faut cependant que quelqu'un se dévoue.

LE NIAIS.

» Morgué ! puisqu'il est question

» D'une bonne action,

(Prenant la pose et l'accent théâtral.)

» Disposez de ma langue aux faux dieux je l'immole!

SAINT-PREUX.

» Arrière, cancre vil !..

LE NIAIS.

Merci du compliment. —

SAINT-PREUX.

» Drôle, as-tu jamais mis le pied dans une école ?

LE NIAIS.

» Le pied ? mieux que cela vraiment...
» Sur les bancs, saperlote !
» J'usai, tout bien compté,
» Vingt-deux fonds de culotte ! —
» Donc je puis pérorer avec facilité !...

SAINT-PREUX.

» Un misérable atome
» Qui pousse la témérité
» Jusqu'à vouloir ici haranguer un grand homme...
» Mais que dis-je ?.. une *sommité* !!

LE NIAIS.

» Oui, ne confondons point l'as ou le roi de pique
» Avec le valet de carreau,
» Laissons cette méprise *à monsieur Debureau.*

SAINT-PREUX.

» Là s'arrête ta philippique ?
» Ce n'est pas malheureux...

(Abordant le raisonneur qui se tenait à l'écart.)

Mon brave raisonneur,

» Toi seul es digne ici de porter la parole.

LE RAISONNEUR.

» C'est pour moi trop d'honneur,
» Quand il s'agit de réciter un rôle,

» Sans vanité je m'en tire assez bien,

» Sorti de là, je ne suis bon à rien.

SAINT-PREUX.

» Bah ! tu fais le modeste...

» Commence... le hasard t'aider a pour le reste.

LE RAISONNEUR.

» Que veux-tu que je dise à cette *sommité* ?

» Rien que son titre impose à ma timidité...

» Avec quelqu'assurance

» Je pourrais haranguer un *Carnaud*, un *Musart*,

» Autres sommités dans leur art ;

» Mais d'Omer à ces gens trop grande est la distance!

SAINT-PREUX.

» Ton timbre est éclatant

» Et tu ne manques pas non plus d'enthousiasme...

LE RAISONNEUR.

« Toi, que ne remplis-tu ce devoir important ?

LES ACTEURS ENSEMBLE.

» Au fait, il a raison...

SAINT-PREUX.

Tourmenté par mon asthme,

» En présence d'Omer j'ai peur de rester court

» Au milieu d'une période...

« Je crains surtout, messieurs, de lui paraître lourd.

LE RAISONNEUR.

» Devant ce bon public on sait comment tu brode

» Et s'il n'est pas aveugle Omer peut être sourd...

SAINT-PREUX.

» L'homme est-il jamais sourd, quand un autre le flatte ?
 » Après tout une *sommité,*
 « Sans cependant paraître plate,
 » Peut bien, par quelqu'infirmité,
 » Tenir à notre pauvre espèce.
» Si le célèbre Omer se montrait un peu vain,
» N'excuseriez-vous pas cette humaine faiblesse ?

LE NIAIS.

» Ce n'est point, que je sache, un être tout divin,
» Omer est, comme nous, sujet à la colique.

SAINT-PREUX.

» Messieurs, laissons tomber cette sotte réplique...
» Enfin, puisqu'il le faut, j'aurai l'insigne honneur
 » De complimenter monseigneur,
» Et de lui présenter une courte supplique... »

. . . .

 Saint-Preux, malin vieillard,
 Dissimulait avec tant d'art
Que les pauvres acteurs, séduits par sa parole,
 N'y voyaient que du feu...
 Quant au niais, chose assez drôle,
 Lui seul avait compris son jeu.
Tous n'en firent pas moins trois heures anti-chambre.
Au bout du temps, certaine odeur de musc et d'ambre

Parvint à serépandre, indice qui prouvait
Qu'Omer avait enfin secoué le duvet...
  Un parfum de dinde truffée
  Venait encore et par bouffée
Chatouiller l'odorat de nos solliciteurs,
Autre indice... et tous deux étaient si peu menteurs
Qu'une porte s'ouvrant, soudain on vit paraître
Un valet annonçant le lever de son maître.
—« Aurions-nous le bonheur d'approcher le soleil ?
» Omer de Beaugency cet esprit sans pareil
  » Est-il vraiment visible ?
—« Pour le voir suivez-moi. » La scène était risible,
Saint-Preux et le niais allaient droit leur chemin ;
Les autres trébuchant, saisissaient, de la main
  Les cordons de sonnettes
  Qui leur servaient de point d'appui ;
Ils marchaient en zigzag, tels qu'un drille en goguettes
  Peu pressé de rentrer chez lui.
La plupart se heurtaient contre un pan de muraille.
Ah ! que l'homme est donc sot, quand la peur le travaille !

UN GÉANT

EN ROBE DE CHAMBRE.

» De loin c'est quelque chose et de près ce n'est rien. »

(LA FONTAINE.)

Dieu paternel, quel dédain, quel accueil !

(VOLTAIRE.)

Les acteurs introduits dans la salle à manger
Purent tout à leur aise admirer le grand maître !
Sans doute à d'autres temps ne voulant pas remettre
Son déjeuner, Omer, loin de se déranger,
Dévorait en silence un reste de volaille.

SAINT-PREUX (bas au Niais).

» On ne fait rien qui vaille
» Quand on prend mal son temps, laissons-le digérer.

LE NIAIS (également à voix basse).

» Ce n'est pas en effet l'instant de pérorer. —
» Il est pourtant des gens à qui l'on fait accroire
» Que tous ces beaux esprits ne vivent que de gloire.
» Celui-ci ronge un os ni plus ni moins qu'Azor
» Le petit chien de ma portière,
» Ce qui tant soit peu jure avec une ame altière.

SAINT-PREUX.

» Oui, nous sommes d'accord.

» Tu pourrais dire encor,

  » Et sans passer pour téméraire,

»*De loin c'est quelque chose et de près ce n'est rien;*

» Mais Omer n'est pas sourd, brisons-là l'entretien. »

Notre *sommité littéraire*

S'étant, d'un vin de Chypre, humecté le gosier,

Ensuite ayant rincé par quatre fois sa bouche,

Essuyé son menton et le poil qui le touche,

Epongé de longs doigts qu'il venait de souiller,

Et passant sur chaque ongle une lime d'acier,

Finit par dire : « Allons, parlez à tour de rôle. »

SAINT-PREUX.

» Si tu veux le permettre, illustre romancier,

» Au nom de tous c'est moi qui prendrai la parole.

OMER.

» Bonhomme, j'y consens.

SAINT-PREUX (sur le ton de la déclamation.)

              Grand et sublime auteur.. !

LE NIAIS (l'interrompant).

» Amis, faisons chorus : sublime et *grand sauteur...*

OMER (bondissant sur son siège.)

    » Hein ! qu'est-ce à dire, maître drôle ?

SAINT-PREUX (feignant la bonhomie).

» Ah ! daignez excuser ce niais, monseigneur;

» Ce n'est pas d'aujourd'hui qu'il écorche sa langue.

LE NIAIS.

» Tiens ! j'aurai fait un *cuir* sans m'en apercevoir.

OMER (impérativement à son valet).

» Qu'on l'expulse... Germain, faites votre devoir !

(Le valet s'empresse d'exécuter l'ordre de son maître, celui-ci s'adressant à Saint-Preux.)

» Vous, reprenez votre harangue.

SAINT-PREUX.

» Poète olympien, sublime et grand auteur !
 » Ton plus sincère admirateur,
» Saint-Preux est devant toi... souffres qu'il te contemple...
» Quel beau front, quelle ampleur ! ah ! c'est bien là le temple ;
» Le palais du génie !

OMER.

Assez, maudit flatteur...

SAINT-PREUX (redoublant d'emphase.)

» C'est en vain qu'on nous vante et Corneille et Racine ;
» S'ils ont sur notre sol pris un instant racine,
» Vint Omer qui leur dit : « Arrière végétaux,
 » » Votre sève est usée,
 » » Je ne connais point de rivaux ;
» » A moi de cultiver le champ de la pensée !
» » Ma muse a sous ses pieds écrasé vos *longs vers* !! » »
 « Déployant tes ailes dorées,
» Tu vas, nouvel aiglon, t'élancer dans les airs,
 » Et des régions éthérées

» Dicter des lois à l'univers !

» Ajournes ton voyage, homme extraordinaire,

» Ne quittes point encor le monde sublunaire,

    » Si tel qu'un astre radieux

» Beaugency doit briller à la table des Dieux,

» Il n'en sent pas moins battre un cœur d'homme sensible !

» Omer tu ne saurais rester sourd à ma voix ;

» Il s'agit de sauver un théâtre aux abois;

» Un chef-d'œuvre pour toi n'est pas chose impossible?

OMER (avec aplomb.)

» Vous l'aurez !

SAINT-PREUX (se tournant du côté des siens).

      Nous l'aurons ! quelle insigne faveur!

» Amis, prosternez-vous devant votre sauveur !!..

OMER.

» Un instant, bonnes gens, j'ai quelques mots à dire :

(A Saint-Preux.)

» C'est vous qui du théâtre êtes le régisseur ?

SAINT-PREUX.

» Depuis près de vingt ans.

OMER.

      Comme tel plein d'ardeur?

SAINT-PREUX.

» Je m'en flatte, messire.

OMER.

» Ce n'est pas encor là tout ce que je désire..

Vos acteurs ont-ils du talent ?

SAINT-PREUX.

» Ils ont tous fait leurs preuves ;
» Mais on peut de nouveau les soumettre aux épreuves.

OMER.

» Ah ! je compte traiter un sujet bien brûlant !
» Et malheur à la main profane
» Qui s'aviserait d'y toucher !

SAINT-PREUX.

» Vous n'aurez sur ce point rien à leur reprocher.

OMER.

» Aussi pour empêcher
» Que la fleur ne se fane,
» J'exige qu'en huit jours l'ouvrage soit monté.

SAINT-PREUX.

» C'est bien prompt, monseigneur.

OMER.

Telle est ma volonté !

SAINT-PREUX (s'inclinant).

» Je me rends...

OMER.

J'oubliais certaine circonstance :
» Devant bientôt partir pour la Franche-Comté,
» Je vous permets, mon cher, d'agir en mon absence.
» Vous recevrez demain
» La première partie, espèce de prologue,

» J'en chargerai Germain.

» Le complément de l'œuvre, y compris l'épilogue,
     » Je l'enverrai de Besançon.

» Travailler en courant, c'est aujourd'hui la mode;
» Or, je puis comme un autre adopter sans façon
     » Cette étrange méthode.

» Le jour qu'on me jouera... des gardes à cheval
» Aux abords du théâtre...

SAINT-PREUX.

          Oui, j'approuve ce mode;
» Il suppose toujours un succès colossal !

OMER.

» La réclame aux journaux me regarde...

SAINT-PREUX.

               L'éloge
» En sera mieux nourri.

OMER.

        Puis en faveur des miens
    » D'avance je retiens
    » Trois cents coupons de loge,
» Les deux tiers du parterre...

SAINT-PREUX.

       Ah ! c'est trop peu vraiment.
» Usant de votre privilège,
» Que ne retenez-vous la salle entièrement ?

OMER.

» L'avis est assez bon... peut-être le suivrai-je.

» Quant à la question d'argent,

» *Michel* est mon agent,

» Vous pourrez avec lui traiter cette misère...

» Mon cher, d'en dire plus il n'est pas nécessaire.—

» Germain, reconduisez ces messieurs...

(Omer s'éloigne.)

LE RAISONNEUR (bas à Saint-Preux).

Poliment

» Il nous met à la porte.

SAINT-PREUX.

« Modère ton ressentiment ;
» Je t'avais prévenu.

LE RAISONNEUR.

— Que le diable l'emporte !

SAINT-PREUX (à lui-même).

» L'orgueilleux recevra bientôt son châtiment. »

V.

UN PAQUET

Aux armes de Monseigneur.

» Franchement il est bon à mettre au cabinet. »
(MOLIÈRE. *Le Misanthrope*.)

Ayant tout une nuit secoué sa paresse,
Omer le lendemain fit porter à l'adresse
De son panégyriste, un paquet cacheté :
    Sur un large placard de cire,
      Par trois fois répété,
S'étalait *flamboyant*, l'écusson de messire.
Un amateur naïf, pour bien apprécier
    Ce symbole héraldique,
      Eût évoqué l'ombre d'*Hozier* (*);
Mais Saint-Preux n'étant pas homme à s'extasier,
Surtout pour un objet plus que problématique,
L'écu ne fit qu'un saut de la table au panier...
Geste qui, selon nous, valait une critique.
Sous son pli, ce paquet si richement scellé
Renfermait le prologue annoncé dès la veille,
Et dont certains journaux disaient déjà merveille !
    L'ouvrage était intitulé :

(*) Dans sa satire au marquis de Dangeau, satire dirigée contre le faux
noble et qui s'applique également à l'héraldiste, Boileau s'exprime ainsi :
» N'eût-il de son vrai nom ni titre ni mémoire,
» D'Hozier lui trouvera cent aïeux dans l'histoire. »

Imprimerie de LACOUR et Comp.

Madame Putiphar ou *la lampe magique.*

A ce titre amphibologique,

Le caustique Saint-Preux,

Rit d'abord comme un bienheureux ;

Puis il dit : « Armons-nous d'un peu de patience,

» Lisons ce prologue en entier,

» Tant dans l'intérêt du métier

Que pour l'acquit de notre conscience... »

Paroles de comédien,

Souvent autant de leurres,

» En attendre l'effet, c'est chercher quatorze heures

Au méridien....

Et Saint-Preux qui médite un projet de vengeance

Ne saurait user d'indulgence.

Son courage tint bon jusqu'au bas du *recto,*

Il n'en fut pas de même à l'endroit du *verso :*

Le vieillard se mettant à rire de plus belle,

De s'écrier : voilà ce qu'il appelle

» *Un sujet bien brûlant !* »

» Le mot est excellent....

Page 193 : au lieu de d'Orçay, lisez : d'*Orsay.*
Variantes. — Page 208, lisez :

Sur un large plaçard de cire
Par trois fois répété,
L'écusson de Messire,
Etalait *son pal flamboyant !*
Un amateur peu clairvoyant,
Pour pouvoir déchiffrer ce symbole héraldique,
Eut sans doute évoqué les mânes de d'*Hozier.*

14

» C'est en effet une *brioche*,
» *Sortant d'un four banal....* illustre pâtissier,
» Ta brioche suffit, pour me rassasier;
» Qu'un second plat de ton métier,
» Arrive en poste ou par le coche,
» Il n'en sera pas moins venu tardivement,
» Pour servir le public un peu plus dignement. »
» Je n'ai qu'à fouiller dans ma poche. »
Traitant son adversaire aussi brutalement,
Saint-Preux, évidemment,
Cédait à son ressentiment.
Sur le vû d'une simple page,
Doit-on d'ailleurs condamner un ouvrage?
Equité, vierge sainte! on dit que tu te plais
A cacher ton front sous l'hermine?
Cependant au palais,
C'est quelquefois ainsi que le juge examine
Les pièces du procès,
C'est quelquefois ainsi qu'il raille ou qu'il fulmine...
Lorsque la passion domine,
La bonne foi chez l'homme a rarement accès....
Juge *varie*,
Bien fol est qui s'y fie (1) :

_____

(1) A notre avis, l'*inconstance n'a pas de sexe*, c'est pourquoi nous nous sommes permis de paraphraser la devise de François Ier.

Mais comme le hasard souvent le justifie

Il se pourrait aussi que Saint-Preux eut raison.

    Je reprends ma narration :

    Comme un objet sans conséquence,

Saint-Preux sur son bureau, laissa le manuscrit ;

    Mettant la chose en évidence

    Il commettait une imprudence ;

    Mais ici bas l'homme d'esprit,

Plus que tout autre a des moments d'absence.

Il allait s'éloigner, lorsque sur le tapis,

Apparut le niais, si fécond en lazzis.

SAINT-PREUX.
(l'abordant avec empressement).

» C'est toi ? de te revoir, mon âme est satisfaite !

LE NIAIS.

Je suis, monsieur Saint-Preux, l'homme qui fait la bête

Le niais ; vous savez? ça ne va pas trop mal

Et vous?

SAINT-PREUX.

    Quittes mon cher, la peau de l'animal,

        Au diable la parade !

Je ne vois plus en toi, qu'un brave camarade,

Or donc, reprends ici le nom de Lucernal.

LUCERNAL.

    Hier, pour exploiter la place,

    Il te fallait un bon paillasse,

Or j'ai dû, mon cher bateleur,

M'efforcer de donner une bonne couleur

    A la plaisanterie...

Comme aux dépens d'Omer, je me suis amusé !

SAINT-PREUX.

Et pour avoir trop loin poussé l'effronterie,

Tu te vis par ses gens, honteusement chassé.

LUCERNAL.

Oui, mais voulant venger ma dignité d'artiste,

Je sifflé, et fais siffler l'orgueilleux dramatiste.

SAINT-PREUX.

    Eh! mon pauvre garçon !

Va, tiens toi pour battu.

LUCERNAL.

    Tel qu'un colimaçon,

Je rentrerais dans ma coquille?

SAINT-PREUX

    Songes donc qu'en sifflant,

Tu nuis à tes amis, tous chargés de famille...

LUCERNAL (à lui-même).

Au fait, pour exister, ils n'ont que leur talent,

Déjà le mal est grand, dois-je le rendre pire?

SAINT-PREUX (à part).

    J'aurais pu tout lui dire

Mon silence est ici basé sur la raison ;

    Lorsque seul on conspire,

On ne craint pas la trahison...

LUCERNAL.

A propos, vieux *pince sans rire,*
Quel effet ton discours a-t-il produit là-bas ?

SAINT-PREUX.

Ah ! ne m'en parles pas,
Je n'ai jamais été si bête !
Et c'est au point que j'avais peur
Qu'Omer, ne me jetât son assiette à la tête...

LUCERNAL.

Mais lui n'en a pas moins, fait droit à la requête ?

SAINT PREUX.

Comme il travaille à la vapeur
J'ai déjà reçu son prologue.

LUCERNAL (avec ironie).

Qu'en dites-vous ? monsieur le philologue !
Est-ce un commencement de *drame échevelé*
Ou quelque pâle églogue ?

SAINT-PREUX.

Par un petit chef-d'œuvre, Omer s'est signalé.
Plaisantes tu ?

SAINT-PREUX.

Mais non : son dialogue
M'a semblé fort original,
Là, je croyais trouver de ces mots excentriques,
Dont se servent les romantiques

Pour orner un sujet banal,

Ou déguiser une sottise...

A ma grande surprise,

J'ai vu se dérouler un vrai tableau de mœurs,

Relevé par un style,

Elégant et facile.

LUCERNAL.

Omer de Beaugency, pour le coup tu te meurs,—

Car l'homme qui s'amende,

Est près de trépasser.

Qu'en lettres d'or ton nom, figure en la légende !

Je voudrais bien savoir, avant de l'encenser,

S'il n'a point exploité quelque pauvre poète,

L'esprit est un objet, qu'on vole ou qu'ou achète,

A vil prix fort souvent....

SAINT-PREUX.

Eh ! je ne dis pas non.

Qu'exigeons-nous d'Omer ? tout simplement son nom;

C'est là, le seul levier, pour remuer les masses.—

LUCERNAL.

Je ris de vos grimaces,

Vous êtes tous des charlatans,

SAINT-PREUX.

Il faut marcher avec le temps.

Comment lui résister ? tu sais bien qu'il nous mène...

(Tirant de sa poche un manuscrit).

Cédant au zèle qui m'entraîne,

Je vais lire au foyer l'œuvre de Beaugency,

    Pardon, si je te quitte ainsi.

LUCERNAL (resté seul).

« Quel est cet autre écrit, qui flâne sur sa table ?

  » Œuvre de quelque pauvre diable...

    » Tiens, le titre promet:

» *Madame Putiphar,* ou *la lampe magique.*

    » Abordons le sujet, —

    » Ce doit être comique. »

    Lucernal, sur le manuscrit,

Allait jeter les yeux, quand quelqu'un le surprit:

C'était le directeur, qui, contre son usage,

    Daigna lui faire bon visage.

» Ah! ah! (dit Gorgoni), vous lisez un ouvrage,

» Probablement, mon cher, le prologue annoncé ?

    » Œuvre d'excellente facture !

    » Vous n'êtes pas pressé,

    » Veuillez m'en faire la lecture. »

    Profitant de sa bonne humeur,

Lucernal aussitôt, s'empressa de répondre,

    Aux vœux du directeur,

    Qui ne cessait de l'interrompre,

    En s'écriant : « Assez, mauvais farceur,

» Vous y mettez du vôtre?—Eh non, je vous assure

    » Qu'en toutes lettres c'est écrit.

    — C'est une œuvre contre nature,

» Une œuvre sans portée, et sans sel, sans esprit...

— Je ne vous dis pas le contraire.

— J'ai peine à croire Lucernal,

» Qu'une *sommité littéraire,*

» S'en acquitte aussi mal....

» Que fait le régisseur?—Il met, je crois, en scène

L'œuvre d'un nommé.... *Broc-chanci...*

— Jeu de mots mal choisi,

» Vous voulez dire Beaugency?

» Son drame est justement le sujet qui m'amène...

» J'étais parbleu certain,

» Que ce que vous lisiez provenait d'un cretin,

» D'un être sans cervelle....

» Achevez cette œuvre nouvelle :

» Bon courage, mon cher... »

(Lucernal, de nouveau resté seul).

— Jusques au directeur, qui lève la semelle,

» En me goguenardant... Aujourd'hui comme hier

» C'est véritablement le guignon qui s'en mêle...

» Je rirais à mon tour, (ajoute Lucernal),

» Si *la lampe magique,*

» Dont il dit tant de mal,

» Sortait de la fabrique

» Du noble industriel,

» Qu'on semble ici porter, jusqu'au septième ciel !

» Saint-Preux est rempli de malice,

» Et de plus fort discret,
» Si ce vieillard conspire, il n'a que son bonnet
» Pour complice....
» Pas plus tard que demain, j'en aurai le cœur net.

VI.

GRAND SUCCÈS. — LOURDE CHUTE.

> » La fortune... par un seul tour de roue,
> » D'un homme obscur peut faire un souverain. »
> (SILVECANE).

> » Cesses donc de te plaindre, ou bien pour te punir,
> » Je t'ôterai ton plumage. »
> (LA FONTAINE. *Le paon se plaignant à Junon.*)

Ayant préparé la matière,
Sans le secours d'autrui,
Saint-Preux, portait sur lui,
Non seulement la pièce entière ;
Mais encor chaque rôle écrit,
Qu'il ne livra, qu'acte par acte,
Et le lendemain jour prescrit,
La troupe à son appel s'étant montrée exacte,
Fut à même de répéter

La première partie.

L'ouvrage était d'ailleurs très facile à monter :

L'entrée et la sortie,

Les jeux muets, les *a parte*,

Enfin tout par l'auteur, avait été noté.

De son rôle chacun paraissait enchanté!

Le directeur lui-même,

Durant la répétition,

Eprouvait un plaisir extrême.

Cette œuvre avait pour titre : *une prévention,*

Titre de circonstance,

Qui se trouvant justifié,

Ne laissait soupçonner la moindre malveillance;

Aussi, loin de penser qu'il fut mystifié,

Le *signor* Gorgoni, de la voix et du geste,

Ne cessait d'applaudir...

Pauvre petit auteur, si digne de grandir !

Cet homme, sois en sûr, t'eût fui comme la peste,

Si par malheur à lui, tu t'étais présenté ;

Mais, rempli de sagacité,

Saint-Preux à ton insçu dût préparer la voie,

Agissant de la sorte, il ménageait ta joie.

Caché sous le manteau d'Omer de Beaugency,

Tu parais triompher ici,

Ton œuvre n'est point un pastiche ;

Mais attends pour confondre une gloire postiche

Qu'un juge redoutable ait dicté son arrêt...
(Voulant exécuter le projet de la veille,
    Jaloux de sonder un secret,
    De *mettre la puce à l'oreille*
    Du malin régisseur,
Lucernal entraîna Saint-Preux dans la coulisse,
Et lui dit à voix basse: «Aujourd'hui, vieux farceur
   » Je connais à fond ta malice....
—Hein! qu'entends-tu par là? parles donc... — m'y voici:
» J'ai cru qu'on répétait l'œuvre de Beaugency,
» *Madame Putiphar,* ou *la lampe magique...*
» Tu te tais? toi si prompt à donner la réplique...?
— Imprudent que je suis ! j'aurai laissé traîner...
—Oui, certain *papyrus,* couvert d'*hiéroglyphes* (1)
    » Autant de logogriphes,
» Que Gorgoni ni moi, n'avons pu deviner.
—Sait-il...? —Loin de là : lui d'humeur peu facile,
» N'en remplira pas moins le rôle de *Basile,*
» Grâce à toi, *Figaro! bravo! bravi! brava !*

---

(1) Si réellement l'œuvre d'Omer de Beaugency ne se compose que d'*hiéroglyphes*, il n'est point étonnant que cette *sommité littéraire*, ait fait usage du papier d'Egypte.

« En effet, (répliquera l'érudit), les feuilles dites *biblos* ou *philyria karthes* ou *karthis*, ne pouvaient être mieux employées. L'*Iliade* et l'*Odyssée* d'Homère, suivant la tradition, n'ont-elles pas été écrites en lettre d'or sur un boyau de dragon, long de vingt pieds ? Or donc, *qui peut le plus peut le moins* »

» Dieu veuille cependant que sire *Almaviva*

» A ton hardi projet n'apporte point d'entraves.

—Moi, je puis aujourd'hui, défier les plus braves!

» Produirait-elle aux yeux d'un public bienveillant

    » L'effet d'un phare étincelant,

» *De la lampe magique*, à présent je me moque,

   » Et je veux, que le loup me croque,

» Si jamais je l'allume...—Oh! tu fais le vaillant;

»Mais moi, je crains qu'Omer, avant peu ne t'y force.

—Si la mèche un beau soir prend feu comme une amorce,

» Toi qui veux te venger, tu souffleras dessus,

    » Et le public fera chorus.

     — Avec plaisir j'accepte,

» Et je puis te prédire une éclipse complète... »

   Personne vraisemblablement,

   N'avait entendu ce colloque,

Colloque qui pourrait servir d'enseignement

    Aux beaux esprits de notre époque...

L'heure fuit, hâtons-nous, narrons brièvement :

Saint-Preux avait reçu, par les messageries,

Un long paquet sous toile artistement roulé ;

    Mais renonçant aux singeries,

Plus prudent cette fois, il mit l'objet sous clé.

    Et je tiens de source certaine,

Qu'une *prévention*, au bout d'une huitaine,

    Fut soumise au public,

Pièce que la cabale aurait voulu détruire;
Mais vainement, les sifflets de l'aspic,
    S'efforcèrent de bruire...
  Des applaudissements nombreux,
Partis de tous les points bravaient la malveillance.
    Jusques-là réduit au silence,
Lucernal, de sa loge, encourageait Saint-Preux,
    Que ce vieillard était heureux,
    Il jouissait de son ouvrage!
D'autre part les acteurs, redoublant de courage
    Et de verve et d'entrain,
Surent ainsi mener, l'œuvre jusqu'à la fin,
De couronnes de fleurs la scène était jonchée...
Avec enthousiasme on demande l'auteur,
Et son âme à ce cri se sentant alléchée;
    Du directeur,
    Affrontant la puissance,
Saint-Preux, d'un pas leste s'avance,
Et proclame le nom d'un poète inconnu,
Nom qui fut accueilli, comme le bien venu ..
    Le directeur, pour cause,
    Avait pris fort gaîment la chose.
Il se fut plaint du tour que lui joua Saint-Preux,
Que certes ce dernier aurait bien pu répondre :
» Vous êtes en effet, monsieur très malheureux
»Plaignez-vous, le caissier est là pour vous confondre

»Car enfin sous vos yeux son registre est ouvert,

« Loin d'être à découvert

» Tous les soirs il accuse une énorme recette,

» Que cela dure un mois, votre fortune est faite... »

Tous les journaux, même ceux d'outre-mer,

Avaient instruit Omer,

Du succès colossal qu'une muse inconnue,

Obtenait à son détriment ;

Ne doutant nullement

De sa déconvenue,

En toute hâte il quitte Besançon

Et vient au directeur en demander raison :

Gorgoni, fort peu charitable,

Lui répondit sans fard :

» Votre *Madame Putiphar*

» Est un sujet manqué, rien de plus détestable ;

» Devant vous j'en appelle à ce juge équitable. »

Il désignait Saint-Preux, qui d'un air satisfait,

S'empressa d'ajouter : « votre *lampe magique*

» Eut brûlé beaucoup d'huile et produit peu d'effet».

Omer, qui jusques-là, paraissait stupéfait,

Ne pouvant laisser sans réplique,

Cette insulte à *brûle pourpoint*,

Fit tomber sur Saint-Preux le poids de sa colère :

» Vil histrion ! infâme mercenaire !

» Est-ce pour gagner ton salaire,

» Que tu ravales à ce point :

» Une œuvre littéraire ?

» Un drame que n'eût point,

» Désavoué *Shakespeare ?*

SAINT-PREUX.

Et Monsieur de Voltaire,

» En eut ri dans sa barbe.

GORGONI (à Saint-Preux.)

Allons saches te taire.. .

» Monsieur ne pense pas, un mot de ce qu'il dit.

(à Beaugency.)

» Mais voyons : s'agit-il de payer un dédit ?

OMER.

» Cela ne ferait pas tout à fait mon affaire.

GORGONI.

» Alors expliquez-vous : que prétendez vous faire ?

OMER.

» A me jouer, Monsieur, je prétends vous forcer !

GORGONI.

» Près de nous il suffit d'invoquer le principe ;

» Mais si le spectateur tant soit peu s'émancipe....

» Vous comprenez ?

OMER.

On semble ici me menacer !

SAINT-PREUX.

» Nous parlons du public...

OMER.

Le menant à ma guise,
» Je crains peu qu'il me nuise.

GORGONI.

» Enfin, puisque telle est, votre prétention,
» Vous aurez satisfaction... »
Une prévention,
Pièce de haut comique,
Pour un jour seulement
Avait cédé le pas, à l'œuvre amphigourique,
D'Omer de Beaugency, qui, maladroitement,
Avait lancé d'avance un long panégyrique.
Pour lui quel désappointement !
Je dois jusques au bout me montrer véridique :
Avant que Lucernal,
Eut donné le signal;
Le bon public souffla sur *la lampe magique,*
Celle-ci s'éteignit au milieu d'un bruit tel;
Qu'on eût dit, que jaloux de sa pâle auréole,
Les vents déchaînés par Éole
Et la foudre du ciel —
S'étaient ligués contr'elle!... Exaltez donc les choses!
Grand homme ! superbe mortel !
Ton ouvrage *a vécu ce que vivent les roses.* ...
« *Sic transit gloria mundi.* »
J'ai dit.

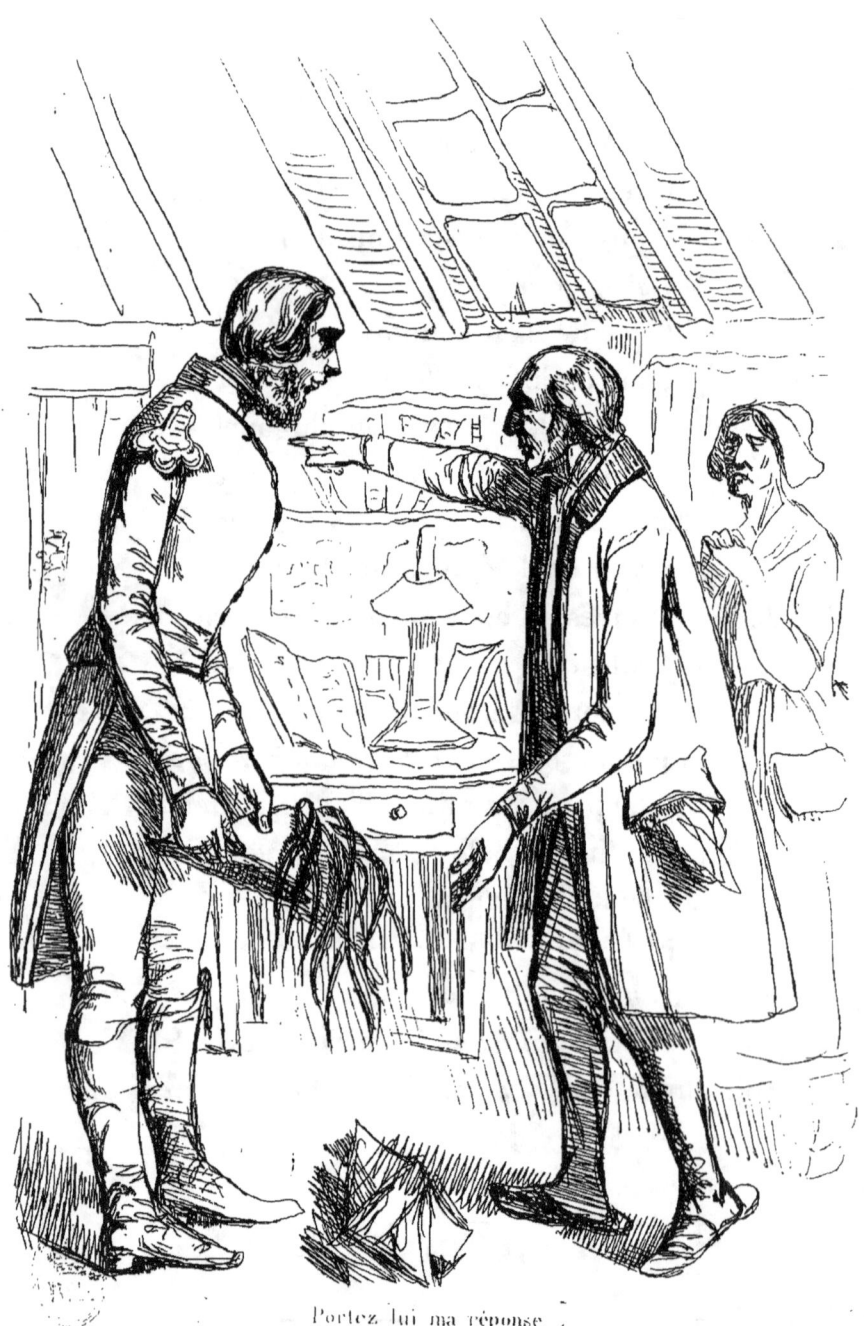

Portez lui ma réponse.

(LE TEINTURIER LITTÉRAIRE)

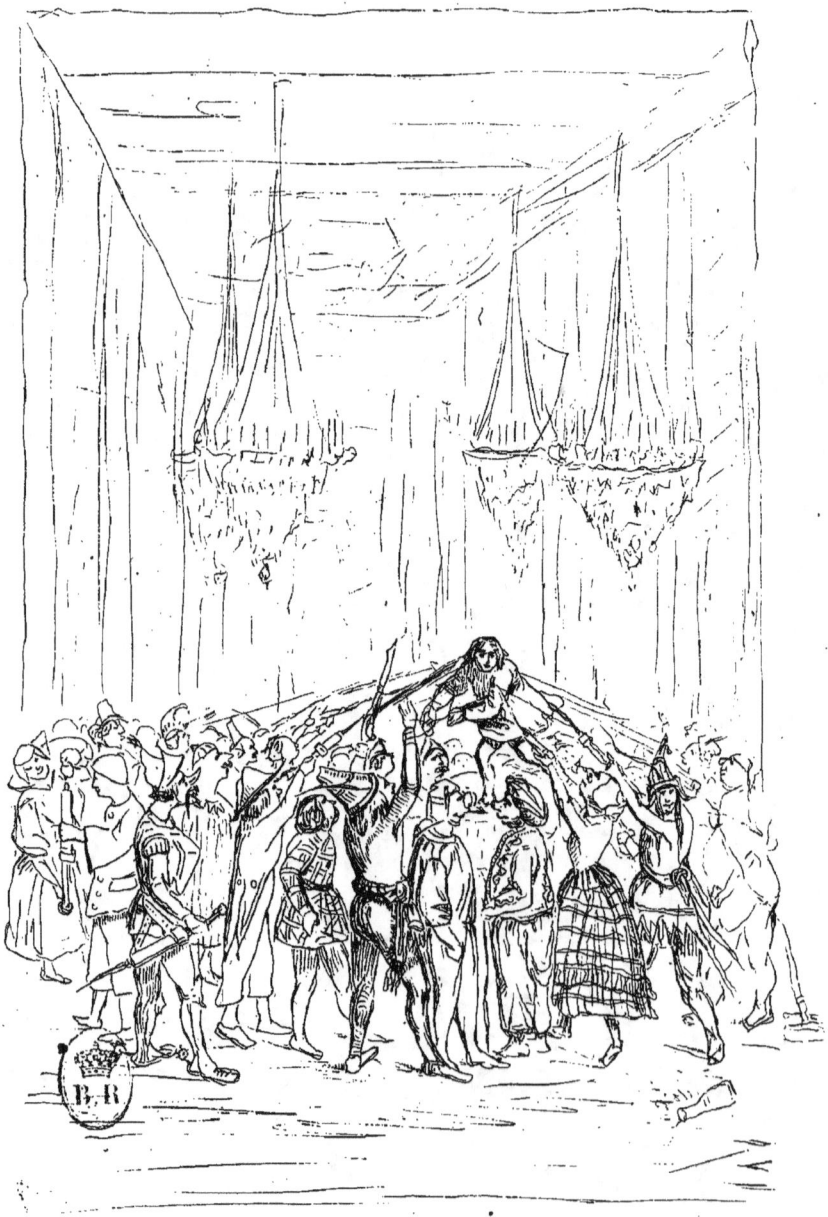

Un mauvais plaisant criť au feu
Les Clyssoirs artésiens aussitôt sont en jeu .

(LE RAPIN)

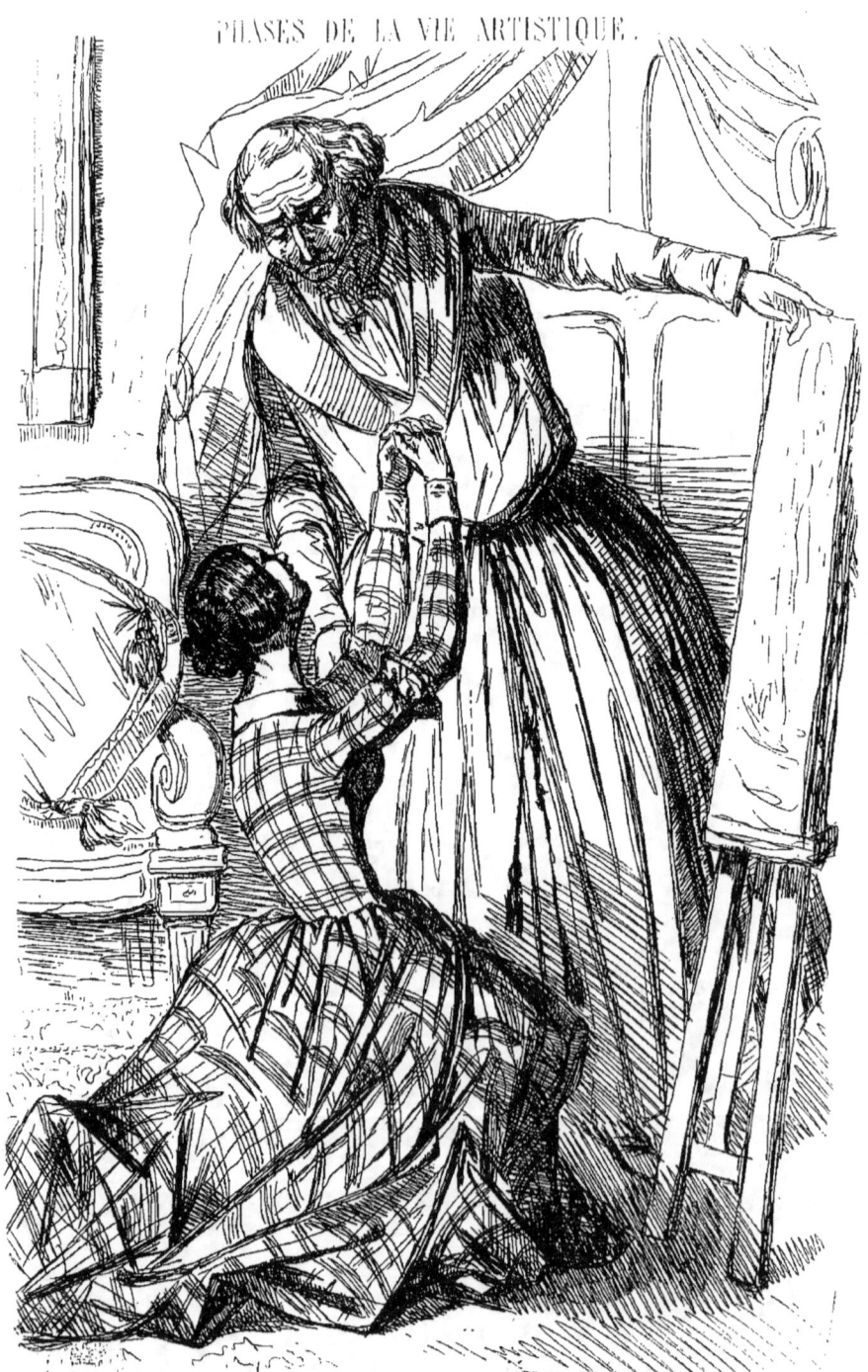

Je me traîne à vos pieds pardon Monsieur le Comte!...

LE PEINTRE AMATEUR

www.ingramcontent.com/pod-product-compliance
Lightning Source LLC
Chambersburg PA
CBHW071530220526
45469CB00003B/712